Manuela Hirsch

Nach-Gedacht
(und)
Rein-Gefühlt

**Wie du dich einfach, entspannt und
bodenständig in Einklang bringen kannst**

© 2019 Manuela Hirsch

Umschlag, Illustration: Manuela Hirsch

Verlag & Druck: tredition GmbH, Hamburg

ISBN

Paperback   978-3-7482-4837-8

Hardcover   978-3-7482-4838-5

e-Book   978-3-7482-4839-2

Inhalt

NACH-GEDACHT
(und)
REIN-GEFÜHLT

Wie du dich einfach, entspannt und
bodenständig in Einklang bringen kannst

„Die reinste Form des Wahnsinns ist, stets dasselbe
zu tun und dabei andere Ergebnisse zu erwarten!"
– Albert Einstein

Vorwort

Wir wachsen in einer Welt auf, in der es Kategorien gibt, Menschen in Schubladen gesteckt werden, Weisheiten weiter gegeben und wir einer ständigen Gehirnwäsche ausgesetzt werden.

All das entfernt uns von dem, wer wir wirklich sind, zu dem einzigen Zweck für unsere Gesellschaft nützlich zu sein und zu funktionieren.

Wir bewerten, verurteilen, maßregeln und bestrafen, ohne Rücksicht auf Verluste und bemerken nicht einmal, dass wir wie programmierte Roboter einfach nur weitergeben, was wir selbst eingetrichtert bekommen haben.

Grenzen im Umgang miteinander, Respekt und Achtung sind wie Fremdwörter, die wir zwar gerne für uns in Anspruch nehmen wollen, aber wir selbst nicht bereit sind, jemand Anderem zu zollen.

Wir werden nicht dafür akzeptiert, wer wir sind, sondern nur dafür, was wir leisten und erreicht haben. Das hat in uns einen Zwang entwickelt, stets besser, schneller oder reicher zu werden. Wird der Druck zu groß und man bricht zusammen, dann erinnert sich keiner mehr daran, was wir geleistet haben, dann sind wir nur noch ein Verlierer.

Wir hinterfragen nicht, ob alles was im Fernsehen gezeigt wird wahr ist, ob alles, was als „Verschwörungstheorie" oder „Humbug" abgetan wird, nicht doch einen Funken Wahrheit beinhalten kann. Wir glauben jenen, die von anderen als Glaubwürdig bezeichnet werden, die Diplome, Auszeichnungen oder Geld haben.

Wir wundern uns nicht, wenn Konzerne auf einmal dafür werben, dass ihre Fertignahrung jetzt nur noch mit natürlichen Zutaten sein soll, Pflegeprodukte jetzt ohne Aluminium angeboten werden oder ständig neue wissenschaftliche Erkenntnisse etwas ganz anderes behaupten als noch vorher.

Wir übernehmen auch nicht die Verantwortung dafür, dass Tiere in Massenhaltung ein klägliches Leben führen, Menschen in fremden Ländern ausgebeutet werden und in solcher Armut leben, die bei uns nie vorkommen kann oder dass die Meere und unser Wasser voller Plastik sind. Dabei ist es ganz alleine unser eigenes Konsumverhalten, dass hier als Ursache zu erkennen ist.

Es fehlt uns an Wertschätzung und Achtung vor der Leistung anderer, was sich darin zeigt, dass wir oft nicht bereit sind, angemessene Preise zu zahlen und wir klagen an, dass die Schere zwischen Arm und Reich immer größer wird, obwohl es einzig durch die fehlende Wertschätzung entstehen kann. Denn auch wenn wir billig einkaufen, es geht auf Kosten anderer, im Mangel lebender Menschen, niemals aber auf die der Konzernbosse.

All das sind Fakten, jedoch keine Vorwürfe! Denn der Mensch ist ein Gewohnheitstier und lebt das, was er gelernt hat. Wenn wir aber anfangen, mehr darüber nachzudenken, dann ist die Entscheidung ob wir weiterhin dieses Verhalten leben wollen oder doch etwas ändern, eine Bewusste. Alleine das verändert schon sehr viel.

Als ich ein Jahr lang keinen Fernseher hatte, war ich sehr erstaunt, was ich alles nicht brauchte, vieles kannte ich noch nicht einmal und es hat mich auch nicht angesprochen, als ich es im Verkauf gesehen habe.
Wir werden ständig manipuliert und benutzt. Der Herdentrieb ist hier ein gutes Werkzeug, denn so viele andere können sich doch nicht täuschen, oder?

Chemikalien, die mithilfe von Flugzeugen im Luftraum versprüht werden, wird als Hirngespinst abgetan, obwohl schon daran beteiligte Personen klargestellt haben, dass es die Wahrheit ist. In einer großen Stadt mit einem namenhaften Autokonzern habe ich schon vor 18 Jahren erzählt bekommen, dass hier etwas gemacht wird, damit es nicht hagelt.

Geld regiert die Welt und dennoch wollen wir uns nicht vorstellen, dass die mächtigsten Menschen mit dem meisten Geld überall manipulieren und reglementieren. Wir haben schon realitätsferne Politiker, die einen Spagat hinlegen müssen zwischen Wirtschaftlichkeit und Menschlichkeit und legen uns noch eine zweite, europaweite zu, bei der wir noch weniger Mitsprache haben. Wir arbeiten für andere fleißig und zuverlässig um dann bei Arbeitslosigkeit von einem Staatsdiener, dem das nie passieren kann, wie ein Bittsteller behandelt zu werden. Im Dienstleistungsgewerbe könnte keiner mit dieser Art seinen Job behalten.

Und egal wie sehr sich andere bemühen, ihren Job gut zu machen, werden sie ja doch in den gesamten Topf geworfen.

Waren wir früher gut über Fernsehen und Radio zu manipulieren, ist das ganze schon so lückenlos ausgeklügelt, dass man durch Smartphone und Tablet so gut wie vollkommen unter Kontrolle ist.
Uns wird alles abgenommen durch Technik, die sagt wann man essen, schlafen und sich bewegen sollte. Wir versuchen damit, alles in einen Zeitplan zu stecken, der uns von anderen vorgegeben wird.

Wir machen uns selbst krank durch unsere Art mit uns umzugehen. Wir ignorieren unserer eigene innere Stimme oder auch „leichte" Krankheiten, die in der Gesellschaft noch nicht einmal ernst genommen werden.

Wer Aufmerksamkeit möchte, muss heutzutage schon mit einer schweren Krankheit ankommen, während man dann zum Arzt geht, damit er repariert, was wir selbst zerstört haben. Wir lassen unsere Symptome behandeln und interessieren uns nicht dafür, wo die Ursache liegt.

Hier könnte man wohl noch Seitenlang so weiter machen, aber es ging nur einmal darum, unser kluges Köpfchen aufzuwecken, damit es wieder auf Touren kommt.

Das Umdenken ist der Hauptakt, wenn wir Veränderungen leben wollen. Ohne das geht es nicht. Es geht auch nicht ohne einen offenen Geist, der mit einbezieht, dass alles Energie ist. Es ist formbar, veränderbar und mit diesem Buch möchte ich dabei helfen, bodenständig und spirituell sich einfach mal selbst kennen zu lernen und zu leben, was jeder einzelne selbst möchte.

Es gibt keinen richtigen oder falschen Weg sondern nur den für jeden individuellen.

Alles, was du in diesem Buch liest ist einzig aus meinen eigenen Erfahrungen und in meiner Arbeit mit anderen Menschen entstanden.

Nichts, was du nicht schon einmal gehört hast und doch erfüllt mit Hilfestellungen, die eine Umsetzung möglich machen.

Es ersetzt keine Therapie oder ärztliche Behandlung, sondern sollte als weitere Möglichkeit betrachtet werden, Situationen und Lebenseinstellungen zu ändern und zu entspannen.

Kapitel 1

Wie du erkennen kannst, ob du dir im Wege stehst

Die Gedanken

Es werden uns so viele Weisheiten beigebracht, die uns dazu bringen sollen, umzudenken und andere Wege zu gehen. Selbst jene werden nicht davon verschont, die sehr zufrieden mit ihrem Leben sind.

Wir reagieren dann mit Spott, Ablehnung oder gar Aggression darauf und wenden uns ab, doch so manche Bemerkung lässt uns nicht mehr los...

Wenn du für dich ganz alleine sortierst, was deine Wahrheit ist, kannst du sehr viele Steine aus dem Weg räumen, die dir tatsächlich im Wege liegen und dir nicht das ganze Glück bescheren, das du dir wünschst.

Zunächst wäre es gut, wenn du dich dafür öffnest, dass wir durch Erziehung und Erlebnisse in der Kindheit, aber auch Altlasten aus unseren vergangenen Leben und denen unserer Ahnen, durchaus beeinflusst werden und in uns unbewusste Muster existieren, die oftmals voll automatische Handlungen in Bewegung setzen.

Auch dass wir sehr wohl unser Umfeld selbst gestalten, eben durch diese unbewussten Muster, und sehr viel mehr existiert als wir tatsächlich wahrnehmen können, ist bei der Erkenntnis was in uns wirkt sehr hilfreich. Wir nehmen nur einen Bruchteil bewusst wahr, was um uns herum existiert und können durch diese Erkenntnis leichter akzeptieren, dass jeder Mensch in einer anderen Welt lebt. Somit auch du in deiner Eigenen, die es einfach mal zu erforschen und zu entdecken gilt.

Wenn jetzt der Gedanke in dir auftaucht, dass du dir das nicht vorstellen kannst, dann ist genau das ein Hinweis, dass wir eine Vorstellung brauchen um etwas zur Wahrheit werden zu lassen.

Gehst du in Ablehnung, dann frage dich, warum es dir schwer fällt, eine andere Sicht kennen zu lernen. Die meisten haben Angst. Wir sind über Generationen so konditioniert worden, dass wir gut funktionieren und andere für uns denken lassen. Wir brauchen immer die Meinung eines anderen oder den Glauben der Masse, um eine gewisse Sicherheit zu haben. Auch aus der Reihe zu tanzen und „nicht normal" zu sein ist ein Hinderungsgrund, andersartige Erkenntnisse und Erfahrungen anzunehmen.

Der beste Weg ist dann, ganz für sich alleine heraus zu finden, was in einem so vorgeht. Wovor hast du Angst und warum? Was würdest du am liebsten leben, erfahren und erreichen, wenn du alles machen könntest, was du willst? Was bringt dich zum jubeln im Inneren und was gibt dir ein glückliches Gefühl?

Wie oft widerspricht dir dein Verstand, wenn du eine Idee hast, etwas tun möchtest, weil du Lust darauf hast oder aus einem Impuls heraus etwas gar nicht machen möchtest?

Der Verstand ist das Echo aller gelernten Glaubenssätze und Maßregelungen, die uns vor allem in der Kindheit beigebracht wurden. Und so kannst du auch jeden Kontakt abbrechen, der dir in deiner Kindheit nicht gut getan hat, alles was geschehen ist, wirkt immer weiter in dir und es werden andere Menschen in dein Leben kommen, die wie jene sind die du meiden möchtest.

Der Grund warum gerade diese Zeit so viel Auswirkung hat ist, weil wir als Kinder noch volles Vertrauen haben in alles was uns gelehrt wird. Dieses Vertrauen ist es, das dann unsere Welt erschafft. Wir glauben dass alles der Wahrheit entspricht und einfach so ist.

Das ist ganz bestimmt eine wundervolle Möglichkeit, Menschen zu friedlichen, selbstbewussten und erfolgreichen Wesen zu formen, doch geht das Spiel des Mangels, der Vorschriften und der Wertlosigkeit schon so lange, dass wir vergessen haben, wie positive und zuversichtliche Unterstützung funktioniert.

All das gilt es heraus zu finden um hier Korrekturen vornehmen zu können, denn wenn wir erkennen, was da in uns wirkt, können wir endlich aus diesem Hamsterrad aussteigen.

Der große Boom mit den Wunscherfüllungsbüchern war für den einen ein Segen, für den anderen ein Fluch, hat es doch nicht so funktioniert wie es angezeigt wurde. Bei so manchem Klienten, dem ich in die Seele schauen durfte war so deutlich zu erkennen, dass sie positives Denken bis zum Umfallen praktizierten und es dennoch nicht den Erfolg brachte, den man wollte. Woran ich das sah? An dem tief sitzenden Muster auf der Seele, das den Glauben festigte, dass sie es nicht Wert war und es nicht verdiente glücklich und erfolgreich zu sein.

Dies wurde im Unterbewusstsein durch wirken der Eltern verankert.

Je unbedarfter wir Entscheidungen treffen oder an etwas glauben, umso stärker wird sich dies im Leben manifestieren. Und wir sind als Kinder unbedarft, also müssen wir herausfinden, was wir uns denn da so kreiert haben... Doch auch jetzt und hier werden sich Wünsche dann am schnellsten erfüllen, wenn sie uns nicht allzu wichtig sind. Je mehr uns etwas Bestimmtes fehlt, was wir uns aber intensiv wünschen, umso mehr wird der Mangel entstehen und die Erfüllung auf sich warten lassen. Einfach nur weil wir uns auf den Mangel konzentrieren und ihm Energie geben.

Es ist wichtig, sich selbst kennen zu lernen. Aus welcher Kraft manifestierst du deine Erlebnisse? Es gibt die Gedankenkraft, die Herzenskraft und die Seelenkraft.

Wenn du positiv denkst, aber nichts in deinem Leben positiv wird, dann kannst du die Gedankenkraft schon einmal ausschließen. Dann fühle in dich. Macht es dir Angst, wenn das eintreffen würde was du ersehnst?

Dann ist es die Angst, die hier auf keinen Fall den Wunsch in der Erfüllung haben möchte.

Oft sind Seelenkraft und Herzenskraft eng miteinander verbunden. Will die Seele einen bestimmten Weg gehen, kann das Herz vor Vorfreude überfließen, dann wird es sich so gestalten. Kommt der Verstand dazwischen und schürt Ängste und Zweifel, bleiben wir auf der Stelle stehen und nichts verändert sich, weil unser Herz voller Ängste ist.

Wie oft höre ich von meinen Mitmenschen unglaublich blockierende Sätze, die den winzigsten Samen, der entstehen möchte, im Keim ersticken.

- ❖ Das wird ja doch nichts!
- ❖ Was soll das bringen?
- ❖ Es hat noch nie funktioniert!
- ❖ Das haben andere schon gemacht und sie sind dabei auf die Nase gefallen!
- ❖ Lass das lieber bleiben, ich weiß es besser!

Wenn du dich dadurch nicht mehr bremsen lassen möchtest, dann verinnerliche folgendes:

Keiner kann genau dieselben Erfahrungen machen wie du, da in dir deine ganz eigenen Glaubenssätze vorhanden sind. Wenn ein Mensch eine Erfahrung macht, in der er betrogen wurde, dann hat er das Muster in sich. Hast du es nicht, wird dir das nicht geschehen.

Wenn jemand anderer sich selbst mit diesen Sätzen blockiert, dann kannst du nichts daran ändern, wenn er selbst es gar nicht ändern möchte. Respektiere die Sicht des anderen auf das Leben und bleibe dir treu.

Am schönsten ist das Leben mit dem Motto:

- ❖ Wer nicht wagt, der nicht gewinnt.

Und:

- ❖ Ich kann nur gewinnen, denn entweder es funktioniert oder ich mache Erfahrungen.

Gehen wir mal auf die universellen Gesetze ein, von denen man überall hört. Ich meine dabei die zwei für mich am wichtigsten und wirkungsvollsten.

Das Spiegelgesetz (wohl das am meisten beachtete) und das Polaritätsgesetz.

Das Spiegelgesetz scheint sehr einfach zu sein: was du aussendest kommt zu dir zurück. Dir begegnet im Außen was du bist.

Es wird nicht funktionieren, wenn du zu jedem freundlich bist und glaubst, dass das dann auch zu dir zurück kommen sollte. Oder wenn du denkst, du bist ein freundlicher Mensch, dass dir das dann auch nur begegnen sollte. Das Spiegelgesetz hilft uns dabei, uns selbst auf das Aufmerksam zu machen, was tief in uns ist.

Eine Klientin beklagte sich darüber, dass sie ständig aggressiven Menschen begegnet. Ein Blick in ihre Karten zeigte mir, dass sie auf Seelenebene so viel Wut und Aggression versteckt hält, dass sie sich zwangsläufig im Außen zeigen musste, damit sie die Aufmerksamkeit darauf lenken kann.

Als ich ihr sagte, sie solle ihre eigene Wut zulassen, kam die ablehnende Antwort, sie wäre nie wütend. Hier hat der Verstand die Oberhand, der ihr vorgaukelt was nicht wahr ist.

Werden wir ständig belogen können wir dadurch erkennen, dass wir uns selbst immer wieder belügen. Werden Versprechen gebrochen, halten wir sie uns selbst gegenüber nicht und werden wir nicht beachtet und ernst genommen, nehmen wir uns selbst nicht wichtig und beachten nicht, was wir wollen. Steht niemand hinter uns, tun wir das auch nicht für uns. Werden wir hart, kalt und lieblos behandelt, haben wir genau diese Einstellung uns selbst gegenüber.

Bei all dem ist jedoch auch immer zu beachten, ob es uns etwas ausmacht, wenn uns die verschiedenen Verhaltensweisen begegnen. Wie eine Kollegin einst so weise sagte: was dich betroffen macht, betrifft dich!

Eine gewisse Gradwanderung ist die Zuteilung der Gesetze immer, denn das Polaritätsgesetz bedeutet: was du ablehnst, drängt sich dir auf. Kann man bestimmte Dinge nicht ertragen wie aggressive Menschen, Lügen, Leichtsinn oder sogar Lebensfreude bei anderen Menschen, dann will man nicht akzeptieren, dass man selbst diese Eigenschaften besitzt.

Auch hier kann die Erziehung einen tiefen Grundstein gelegt haben. Ist man zu Disziplin und Pflichterfüllung erzogen worden, wird man ganz bestimmt durch Menschen, die in den Tag leben und tun was sie wollen, zur Weißglut gebracht.

Natürlich wird man dann sehr viel mehr mit solchen anders tickenden Menschen konfrontiert, solange bis man erkennt, dass auch in einem selbst die Lust auf diese Art zu leben existiert, man es sich aber verbietet. Was auch tief im inneren den Neid schürt ist, dass dieses Leben bei anderen sogar funktioniert.

Wer wiederum Disziplin und Verpflichtungen ablehnt, wird immer mit solchen Menschen konfrontiert.

Bei allem, was man über sich selbst erfahren und lernen kann, ist das Ziel, sich vollkommen anzunehmen wie man ist. Mit allen in sich existierenden Wesenszügen, und auch die anerzogenen und fremden Muster abzulegen.

So kommt man in Frieden und Harmonie mit sich selbst und kann den anderen sein lassen, wie er ist. Viel mehr Lebensfreude und Energie steht einem dann zur

Verfügung. Und das bringt unsere Wünsche dazu, sich zu erfüllen...

Doch du wirst feststellen, dass die Liste der Wünsche sehr klein geworden ist.

Achtsamkeit

Das wichtigste um zu erkennen was in uns so wirkt ist wohl, achtsam mit unseren Gedanken zu sein. Damit meine ich nicht, dass du jetzt erst genau überlegen sollst, was du sagst oder tust, sondern wirklich nur einmal genau zuhören, was du so im Laufe des Tages denkst.

Wir können sehr viele Muster schon kennen lernen, nur indem wir uns zuhören. Unser Köpfchen ist klug und eine gut programmierte Einheit. Wir haben ihm außerdem in unserem ganzen Leben die Macht gegeben, unseren Weg und unsere Handlungen zu bestimmen.

Es heißt, dass unsere Wünsche immer erfüllt werden. Was auch wahr ist, aber es sind eben auch unsere Wünsche, die aus dem Ego entstehen. Denn wenn der Kopf etwas unbedingt will, dann werden wir auch das hin bekommen. Entspricht das jedoch nicht dem Weg, den unsere Seele gehen möchte, dann wird das auf Dauer zum Scheitern führen.

Das ist ganz einfach erklärt: Willst du eine Geschäftsidee umsetzten, die aus Verstandessicht gut ist und Geld und Erfolg bringen kann, wird es nicht funktionieren, wenn du diese Arbeit nicht mit Freude und dem Herzen machst. Es wird zu einer Belastung. Wirkt dann noch ein unbewusstes Muster, das dich glauben lässt nie erfolgreich zu sein, dann kann der Kopf noch so durch die Wand wollen, es wird nicht funktionieren.

Der Beginn zur Veränderung ist also, sich klar zu werden, wie man oft unbewusst denkt und handelt. Hier einige Hinweise, worauf man achten könnte:

❖ Wie oft bewertest du andere wegen ihres Aussehens, ihrer Art zu sein oder zu leben, ihrer Bildung oder ihres Berufes?

Daran kannst du erkennen, nach welchen Maßstäben du dein Leben ausrichtest. Es zeigt dir klar und deutlich, worüber du deinen eigenen Selbstwert definierst.

❖ Was macht dir Angst, bringt dich dazu dich abzuwenden oder gar zu flüchten? Egal ob Situationen, Menschen oder Vorgehensweisen.

Daran kannst du erkennen, was dich davon abhalten kann, deinen Weg zu gehen aber auch, was du selbst in dir trägst und nicht zulässt, weil es dir Angst macht.

❖ Bewunderst oder beneidest du andere Menschen? Hast du dabei auch das Gefühl, dass sie besser sind als du?

Hier kannst du erkennen, wo du glaubst, nicht gut genug zu sein oder etwas nicht zu verdienen. Auch dass du es nicht wert sein könntest, dasselbe zu erfahren.

❖ Welche Erwartungen hast du an dich selbst in
   Bezug auf Freundschaften, Partnerschaften
   oder die Arbeit? Werden diese von anderen erfüllt? Wie reagierst du, wenn nicht?

Erkennen kannst du an deinen Antworten, wie
streng die Regeln sind, die du dir selbst auferlegt hast.
Wie hoch die Erwartungen an dich selbst im Umgang
mit anderen sind.

❖ Wen oder was lehnst du von vorneherein ab,
   macht dich sogar aggressiv?

Hier begegnest du deinem dunkelsten Inneren, das
du auf keinen Fall annehmen willst.

❖ Wie gehst du Gedanklich mit dir um, wenn du
   einen Fehler machst oder etwas nicht so läuft,
   wie du es dir vorgestellt hast?

Daran erkennst du ganz eindeutig, wie streng oder
auch hart du zu dir selbst bist. Auch ob du verständnisvoll und liebevoll zu dir bist.

All das immer und immer wieder zu beobachten ist
schon eine Herausforderung, da wir es gelernt haben so
zu sein und alles nahezu automatisch abläuft.

Dein Verstand ist im Moment noch in der absoluten
Machtstellung. So wird auch ganz klar immer wieder von
ihm gebremst oder er verweigert ein Umdenken.

Du wirst wahrscheinlich oft nach der Bestätigung suchen, dass du genau richtig so bist. Entweder durch Menschen, die genauso sind, durch Astrologen, Artikel über
verschiedene Kategorien der Menschen oder auch ir-

gendwelche Tests, bei denen immer eine positive Rück-
meldung stattfindet.

Der Gedanke „ich bin eben so" oder „was soll ich denn
daran ändern" kann ebenso schnell auftauchen und wird
oft begleitet von einer gewissen Bockigkeit und Ablehnung, die sich in richtige Aggression entwickeln kann.

Es ist wichtig, dabei selbst zu klären, dass sich hier ein
altes Muster zeigt, welches schon zu der Zeit entstanden
ist, als man dich anders haben wollte als du bist und man
es auch geschafft hat dich zu verändern.

Egal, was in dir entsteht, bleibe dran. Du willst erfahren, wer du wirklich bist und musst hinterfragen, was du
denkst und lebst. Gibst du deiner inneren Weigerung
nach, lebst du weiter wie bisher.

Und es geht hier nicht darum, sich über irgendetwas zu
definieren und stur daran fest zu halten, sondern dein
ganz wahres Ich zum Vorschein zu bringen.

Bei all den Gedanken, die du an dir beobachtest, fange
an sie umzudrehen. Gehe mit dir selbst um, wie du mit
einem Menschen umgehen würdest, den du sehr gerne
hast. Hab Verständnis für dich. Auch für die Gedanken,
die du hast. Versuche vollkommen neutral alles wahrzu-
nehmen und es als deines auch anzuerkennen.

Und alle Gedanken, die du verändern möchtest, verän-
dere.

Es gibt hier keine Vorgabe, was richtig oder falsch, gut
oder schlecht ist. Gehe immer Schritt für Schritt vor und
richte deinen Fokus auf das, was du am liebsten anders
haben möchtest.

So zäh all das am Anfang sein wird, es wird immer normaler, achtsam mit deinen Gedanken zu sein.

Der Mensch ist ein Gewohnheitstier und es braucht immer ca. drei Wochen, bis sich eine Veränderung in uns festigt.

Die Achtsamkeit sollte jedoch nie nachlassen, sie ist eine der drei Säulen, auf denen ein glückliches und entspanntes Leben steht.

Doch sie wird durch stetes üben zur Selbstverständlichkeit werden, ebenso wie das sofortige registrieren von negativen Gedanken und das umdrehen dieser.

All das tust du, weil unsere Gedanken es sind, die unser Wohlbefinden beeinflussen. Sie sind es, die zu kreisen anfangen und es so weit treiben, bis wir in eine Krise fallen. Sie flüstern uns alles zu, was in der Vergangenheit ständig gesagt wurde und sie warnen uns vor Erfahrungen, die sie nur vom Hörensagen kennen. Alles was der Verstand in seinen Gedanken ausdrückt ist konditioniert und angelernt, während man dich von deinem Vertrauen in dich selbst und deiner Wahrnehmung, auch Bauchgefühl genannt, immer weiter entfernt hat.

Er ist es, der dich ablenken wird, wenn du in dein Inneres vordringen willst. Er erinnert dich an deine Plichten, an Regeln und an Wissen, das nichts Neues zulässt, damit du verunsichert wirst und deinen alten Weg weiter gehst. Und er wird es auch sein, der dich ins Vergessen bringen will, damit du nicht mehr im Fokus hast, was du für dich tun wolltest um die Veränderung in dein Leben zu bringen.

Wenn dies geschieht, dann Frage dich selbst, ob dein Verstand bisher gute Arbeit geleistet hat und somit dein Leben glücklich und erfüllt ist. Ob du dich vollkommen frei fühlst und dich komplett so annehmen kannst, wie du bist.

Erinnere dich immer wieder daran, dass du nur von anderen bekommst, was deiner eigenen Einstellung entspricht.

❖ Willst du Achtsamkeit, dann gib sie dir.
❖ Willst du Liebe, dann gib sie dir.
❖ Willst du wichtig sein, dann sei dir selbst wichtig.
❖ Willst du Treue, dann sei dir treu.
❖ Willst du Ehrlichkeit, dann sei dir gegenüber ehrlich.
❖ Willst du Verständnis, dann sei mit dir verständnisvoll.
❖ Willst du frei sein, dann befreie dich.

Befreie dich von all den eingetrichterten Vorgaben, wer du bist, befreie dich von Abhängigkeiten in Form der Zustimmung anderer und befreie dich von deinen eigenen Grenzen, die sich im Laufe deines Lebens als Mauern um dich herum aufgebaut haben.

Erkenne dich in deiner Einzigartigkeit, die nirgendwo geschrieben stehen kann und nicht einem einzigen Maßstab entspricht, den andere ansetzen.

Kapitel 2

Auswirkungen in unserem Leben
durch Muster und Verhaltensweisen

Wenn Missverständnisse geklärt werden, beginnen Gespräche meistens mit dem Satz „Ich dachte..." Bist du ein Fan von weisen Sprüchen? Magst du sie, weil es immer einen Menschen gibt, auf den sie zutreffen und du demjenigen diese unter die Nase reiben willst?

Wenn du es dann auch noch machst, was glaubst du zeigst du damit deinem Gegenüber? Du kannst es ganz schnell herausfinden, wenn du jeden Spruch, der dir gefällt oder dich anspricht, zuerst für dich selbst nimmst. Ich habe einst viele Texte verfasst, in denen ich jemanden anderen auf sich Aufmerksam machen wollte und habe erst später erkannt, dass jedes einzelne Wort nur für mich bestimmt war.

Zwei Dinge stecken hinter dem Wunsch, jemand anderen auf seine „Fehler" aufmerksam zu machen:

* ❖ Den Fokus von sich selbst wegzunehmen durch Projektion auf jemand anderen.
* ❖ Den anderen nicht zu akzeptieren wie er ist, weil man sich selbst nicht akzeptiert.

Wie würdest du dich fühlen, wenn dir ständig jemand zeigen möchte, was bei dir nicht stimmt? Das passiert schon? Natürlich, denn du hast dieses Muster in dir gefestigt, so dass es ein ganz normales Verhalten ist.

Wie ist es mit Respekt? Wenn du etwas von jemand anderem möchtest und dieser nicht bereit ist es dir zu geben, respektierst du seine Entscheidung? Es kann auch etwas ganz banales sein. Du fragst z.B. ob er etwas trinken möchte und er sagt nein. Wenn nun der Drang entsteht, immer wieder nachzuhaken, ob er sich sicher sei, kannst du nichts mit klaren Aussagen oder Entscheidungen anfangen. Vielleicht sagt dein Verstand dann noch, dass er sich vielleicht nur nicht traut etwas zu trinken anzunehmen oder dass er sehr durstig aussieht und man meint es ja nur gut.

Wie würdest du dich fühlen, wenn ständig deine Entscheidungen durch so ein Verhalten in Frage gestellt werden? Auch das passiert schon? Natürlich, du hast es so gelernt und findest es selbstverständlich, ist es doch unter dem Deckmantel der Fürsorge und nicht der Respektlosigkeit oder einfach der fehlenden Akzeptanz, dass ein Mensch selbst weiß, was gut für ihn ist.

Glaubst du auch, du bist zu gut für diese Welt? Dann bist du wahrscheinlich sehr bescheiden und gibst lieber als das du nimmst.
„Bescheidenheit ist die höchste Form der Arroganz" (unbekannter Autor).

Schnappst du jetzt nach Luft? Gut so, denn überlege einfach einmal, wie du dich fühlst, wenn du etwas von Herzen geben möchtest und der andere es permanent ablehnt. Du wirst dich nach und nach zurückziehen und nichts mehr geben wollen, dir lieber Menschen suchen die gerne nehmen.

Wenn du gerne gibst, dann solltest du verstehen, warum du das tust. Ist hier eine Bedingung daran geknüpft, willst du dir Zuneigung erkaufen, was zwangsläufig zu Enttäuschungen führen wird weil das nie funktioniert?

Kannst du jedoch im Gegenzug nichts annehmen, weil du ja bescheiden bist und nichts verlangst, dann belügst du dich selber.

Paradox daran ist, dass der andere auch auf diese Art seine Zuneigung bekundet und du diese ablehnst. Schon einmal darüber nachgedacht? Alles ist Energie und alles muss im Ausgleich bleiben. Willst du selbst nichts annehmen, wirst du am meisten Menschen um dich herum haben, die kein Problem damit haben, zu nehmen und nichts zu geben.

„Geben ist seliger denn nehmen" ist somit der größte Quatsch, den man glauben kann, denn wenn alle nur geben, wer nimmt dann?

Und doch lernen wir das von klein auf und fühlen uns einfach schlecht wenn wir nehmen. Dadurch entsteht ein großes Ungleichgewicht, denn es wird nicht von jedem einzelnen die Balance gehalten indem er gerne gibt und auch gerne nimmt. Bedingungslosigkeit gehört dazu und wenn du nicht nehmen kannst, weil du glaubst, dadurch etwas schuldig zu sein, dann gibst du auch nur unter der Bedingung etwas dafür zu bekommen.

Plicht und Freude, wie lebst du das? Ist dein Gedanke von Pflichterfüllung besetzt, wirst du immer erst deine Pflichten erfüllen. Hast du dann noch Zeit für die Freude? Die meisten Menschen kümmern sich aus Pflichterfüllung um andere, die sie vielleicht gar nicht so mögen, und haben keine Zeit für Freunde, Spaß, Lachen und Leichtigkeit.

So wird es selbstverständlich, jeden Sonntag zum Essen bei den Eltern zu gehen, damit sie nicht beleidigt sind, anstatt mit den Kindern einen spannenden Ausflug zu machen und aus dem Alltag auszubrechen. Geschäftliche

Dinge sind vorrangig, auch wenn ein Familienmitglied oder Freund dringend Hilfe brauchen. Anstatt mal wieder mit deinen Freunden etwas alleine zu unternehmen, bleibst du zu Hause, weil dein Partner/in sonst vor Eifersucht durchdreht.

Wer nicht lernt, dass jeder einzelne für sich selbst, seine Gefühle und sein Leben verantwortlich ist, kann aus diesem Kreislauf auch nicht aussteigen, ohne dass ihn das schlechte Gewissen auffrisst. Auch dieses Muster haben wir gelernt und hinterfragen es erst, wenn wir am Grab eines geliebten Menschen stehen, für den wir uns nie Zeit genommen haben.

Das Leben, das wir leben wollen kann nicht entstehen, wenn andere uns mit Pflichten an sich und ihr Leben ketten. Das führt zu Resignation, Burnout und Depression.

Wie ist es mit Wertschätzung? Kannst du Dienstleistungen, Produkte oder Gebühren mit Entspannung und Gelassenheit bezahlen? Willst du es billig? Geiz ist nicht Geil, denn du schätzt damit nicht den Wert dessen, was du bekommst. Hast du dazu noch Angst, dass du nicht genug Geld hast, erzeugst du den Mangel noch stärker.

Beklagst du dich, wenn das Finanzamt von dir Geld will? Du vergisst dabei, dass du etwas verdient haben musst, wenn du zahlen sollst.

Wie ist es mit der Wertschätzung für Zeit? Wenn z.B. ein Freund, der beruflich sehr eingespannt ist, es trotzdem immer möglich macht, dass er zu deinem Geburtstag erscheint, weißt du das zu schätzen? Oder ist das selbstverständlich für dich? Oder wenn du mit ihm einen Kaffee trinken gehst, er sein Handy in der Tasche lässt um sich ganz dir zu widmen, hast du dein Handy dann im Auge?

Wie ist es mit der Wertschätzung einer Verkäuferin gegenüber, die für wenig Geld bis in die Nacht arbeiten muss, am Existenzminimum lebt und dabei trotzdem freundlich bleibt?

Einem Menschen gegenüber, der mit viel Liebe, Hingabe und Freude seine Arbeit macht und dafür eben einen Ausgleich braucht, um leben zu können?

Wenn es hier so manche Haken und Ösen gibt, dann schätzt du deine eigene Zeit und dich nicht in dem Wert, den er hat. Erwartungen werden dann auch hier nicht erfüllt sondern schieben Keile in ein entspanntes Miteinander. So ist in dem Beispiel des Freundes die Konsequenz, wenn es nicht geschätzt wird was er tut, dass er ganz weg bleibt.

Diese ganzen Bewertungen der Menschen, die über Stellung, Wohlstand oder Ansehen gemacht werden, sagen nichts über den wahren Menschen aus. Erkennst du deinen Wert als Mensch, kannst du zufrieden und stolz alles machen was du willst. Du scherst dich nicht mehr um die Meinung eines anderen.

Fehlende Wertschätzung bemerkst du, wenn du kein Geld ausgeben möchtest für etwas, was dir gut tun würde. Es gibt dabei einen großen Unterschied zwischen Dingen die du kaufen kannst und Dienstleistungen, die nicht greifbar sind. So kannst du jetzt sagen, dass du dir sehr wohl immer einmal etwas gönnst. Dann sage ich, das werden Dinge sein, die du anfassen, anschauen oder besitzen kannst. Wie ist es mit einem Friseurbesuch, einer Kosmetikerin oder Maniküre? Wie hoch der Selbstwert eines Menschen ist zeigt sich in meinem Beruf darin, wie sehr sich jemand im Gespräch unter Druck setzt, um Zeit und somit Geld zu sparen. Dabei ist genau das der Schlüssel: Sich selbst so wichtig und kostbar zu finden, dass sich jeder Cent lohnt, den man für sein ganz persönliches Wohlbefinden ausgibt.

Anstatt die Leere in sich mit Dingen füllen zu wollen, sollte man sich das erlauben, was einen für immer glücklich macht. Und das ist die Heilung in einem selbst.

Das Kind in dir

Wir hören das oft, arbeite mit deinem inneren Kind, heile dein inneres Kind, schaue nach deinem inneren Kind. Warum das so wichtig ist und wer die Kinder eigentlich sind erkläre ich hier Ausführlich, damit du dir bewusst wirst, wie wichtig eben diese Arbeit ist.

Die inneren Kinder sind Emotionen, die in uns in den verschiedenen Lebensjahren entstehen und nicht gelebt werden können oder dürfen.

Stell dir vor, in jedem Lebensjahr frisst du Schmerz, Hilflosigkeit, Wut, Trauer oder Hass in dich rein. Deine Erziehung hat dich zur Kontrolle dieser gebracht und dadurch finden deine Emotionen keinen Weg nach draußen.

Außer der Kontrolle, die wir ausüben, lernen wir auch, Gefühle zu ignorieren oder gar abzulehnen, wenn sie doch an die Oberfläche kommen.

Solange wir Kinder sind und noch abhängig von unseren Erziehern, werden wir deren Regeln bestmöglich befolgen. Das hat mit dem Ur-Wissen zu tun, das unser Leben von Schutz, Liebe und Fürsorge unserer Eltern abhängt. Also werden wir eben diese Lebensversicherung nicht gefährden.

Wir kommen durchaus mit einem sozialen Wesen und einer eigenen Sichtweise über Recht oder Unrecht zur Welt, doch die Einstellung Erwachsener, dass man überhaupt keinen Schliff hat, lässt sie uns eben die Dinge lehren, die sie selbst gelernt haben.

So entstehen in einem Leben durchaus Emotionen der Hilflosigkeit, weil man sich nicht wehren kann, der Enttäuschung, weil man belogen wurde oder der Überlebensangst, wenn man keine Zuwendung bekommt.

Prägend ist die Zeit der ersten sechs Lebensjahre, doch kann hier schon im Mutterleib viel entstehen, wenn man die emotionale Lage der Mutter übernimmt.

Da ich mit diesem Buch eine eher „so gut wie möglich rationale" Hilfe bieten möchte, werden weitere Auswirkungen, Themen und Ereignisse auf unser Selbst in einem ergänzenden Buch erläutert, das mehr in die Spiritualität geht. Denn die Gene der Ahnen, in denen Ereignisse, Emotionen und Erlebnisse gespeichert sind, unser Karma, das der Ahnen und Fremdenergien aus anderen Leben wirken ebenfalls auf uns und unser jetziges Leben ein.

Jetzt sind wir einfach nur bei den Emotionen, die in diesem Leben in uns entstanden sind. Das Unterdrücken bewirkt in uns, das wir stets aus diesen kindlichen Gefühlen heraus reagieren, egal wie alt wir schon sind. Beobachten wir ganz alte Leute, von denen man sagt, dass sie dem Kind das sie einmal waren immer ähnlicher werden, können wir sehr wohl immer mehr kindliche Verhaltensweisen erkennen. Das liegt wohl daran, dass die Kontrolle immer schwächer wird.

Die Emotionen wollen raus! Und sie werden den Weg finden.

Gehen wir ganz bewusst in diese hinein und schauen sie uns an, können wir sowohl die Ursache erkennen als sie auch komplett fühlen, annehmen und damit loslassen. Ohne Beachtung werden sei immer nur in kleinen Dosierungen hervortreten.

Ich kenne da einen sehr netten Mann. Er ist bekannt für seine Ausraster und seine dabei kindliche Bockigkeit. Genau hingeschaut erkennt man, dass er ein herzensguter Mensch ist und immer nur dann explodiert, wenn er etwas tun soll, was er so gar nicht will. So ist er wohl aufgewachsen mit Pflichterfüllung und Kontrolle, weil sein Verhalten unerwünscht war. Gleichzeitig fühlt er sich jedoch hilflos, weil er sich nicht erlaubt, nein zu sagen. Geht er in diese Thematik rein und lebt das endlich mal richtig aus, dann wird er ausgeglichener sein und mit Klarheit und Ruhe Nein sagen können. Einfach weil er sich dabei nicht mehr schlecht fühlt.

Durch all unsere tief in uns sitzenden Gefühle sind wir manipulierbar, kontrollierbar und emotional erpressbar. Sie lassen uns nicht erwachsen werden in dem Sinne, dass wir selbstbewusst und sicher unser eigenes Ding machen. Sie beeinflussen unsere Entscheidungen, unser Leben und unser Sozialverhalten. Sie machen das Leben mit anderen schwer, weil sich mit jedem, der kindliche Gefühle unterdrückt, ein steter Sandkastenstreit entwickeln kann. Bedürftigkeit, Aufmerksamkeit, Zuneigung oder Respekt werden gefordert, obwohl man schon in der Gewissheit sein sollte, dass all das nur wir selbst bedienen können.

Im Grunde ist jeder ein Vulkan, der noch nicht erloschen ist und ab und zu ausbricht. Und das meist zu den ungünstigsten Momenten.

Doch das ist noch nicht alles, was diese Unterdrückung auslösen kann.

Emotionen und die Belastung der Kontrolle brechen oft als Krankheiten durch.

Es gibt ganz wundervolle Bücher über die Ursachen in der Seele von Krankheiten. Mir gefällt am meisten das von Christiane Beerlandt.

War ich am Ende einer Beratung und wurden dann noch körperliche Symptome angesprochen, las ich immer nochmals die gleichen Dinge vor, die ich schon in der Beratung aufgezeigt hatte.

Lehnt man die Informationen als nicht stimmig ab, zeigt sich das kindliche Verhalten, indem man das Buch doof findet und weglegt.

Die Erwachsenenversion setzt sich mit der Ablehnung des eben Erfahrenen auseinander.

Emotionen

„An Zorn festhalten ist wie Gift trinken und zu erwarten, dass der Andere dadurch stirbt." Buddha

Wir wissen, dass der andere daran nicht sterben wird, doch was passiert mit dem Gift in uns? Es wird uns töten.

Der emotionale Ballen in uns besteht aus Zorn, Hilflosigkeit und Schmerz. Der Schmerz ist der tiefste und der Auslöser aller gemachten Erfahrungen unseres Lebens. Je öfter wir Situationen begegnet sind, die Schmerzhaft waren (was übrigens nur geschieht, damit wir den Schmerz auflösen sollen) umso hilfloser fühlten wir uns. Je hilfloser wir waren, desto wütender wurden wir.

So beginnt man als erstes damit, die Wut zu fühlen und auszuleben. Bitte nicht auf andere losgehen, sondern Kissen klopfen, Sandsack nehmen, Steine in der Natur werfen oder Bäume verkloppen. Es gibt so viele Möglichkeiten, diese Emotion auszuleben wenn man alleine ist.

Ist dieser Berg weg, erkennt man die Hilflosigkeit. Man resigniert, ist frustriert oder es machen sich erste Depressionen sichtbar. Nein, die kommen nicht, weil du hinschaust sondern waren schon da und du bemerkst sie endlich.

Hast du auch das einmal ausgiebig ausgelebt und zugelassen, kommt der Schmerz, der endlich gefühlt werden möchte.

Durch all die Unterdrückung haben sich Emotionen oftmals vermischt und da wir nie gelernt haben, mit ihnen richtig um zu gehen, erkennen wir das noch nicht mal. So werden wir oft verdammt sauer, wenn uns jemand verletzt und leben eher die Wut als den Schmerz. Für uns ist alles dasselbe. Für eine klare und offene Kommunikation ist es jedoch notwendig, die richtigen Gefühle zu benennen. Erklärst du deinem Gegenüber, dass dich etwas verletzt hat, entsteht eine ganz andere Basis des Gespräches als wenn du wütend herumtobst.

Ich sprach die Krankheiten an, durch die sich unser Inneres bemerkbar machen möchte. Auch wenn das heutzutage nichts mehr ist, so ist schon ein kleines ziehen in den Schultern, ein bisschen Schnupfen oder auch nur ein Hautausschlag schon das erste Zeichen, dass wir hier etwas zu beachten haben. Da wir darauf aber meist keine Beachtung legen und nur die Symptome behandeln, wird es immer schlimmer werden. Die Seele weiß sich sonst nicht anders zu helfen, haben wir doch schon lange verlernt, auf sie zu hören.

Der stärkste Konflikt der in uns entstehen kann ist jener, wenn wir anfangen gegen uns selbst zu kämpfen. Die Kontrolle der Emotionen wird im Laufe unseres Lebens immer schwieriger, ereignen sich doch immer wieder Situationen, die noch eine Schippe auf die ohnehin kaum noch zu bändigenden Gefühle schmeißen.

So zum Verständnis:
Die Wut ist vorherrschend. Wir haben gelernt dass sie nicht gut ist und muss beherrscht werden. Wir werden immer wütender und explodieren immer leichter. Das ist schlecht und wir verurteilen uns selbst dafür.

Wir sehen uns insgesamt als einen schlechten Menschen, verstehen vielleicht auch gar nicht, wo das her kommt, weil unser Wesen friedliebend ist.

So entsteht ein Krieg in uns zwischen der Seele, die einfach nur die Last der Emotionen loswerden möchte, und dem Verstand, der uns sagt wie schlecht wir doch sind weil wir überhaupt so fühlen und es nicht zulassen will.

Was ist denn Krebs? Eigene Zellen, ein Teil von uns, die mutieren und sich gegen unseren Körper wenden.

Eine Beobachtung von mir ist, dass vor allem Menschen, die ihr ganzes Leben lang unversöhnlich und wütend waren, auf einmal Bauchspeichel-drüsenkrebs bekamen.

Hilflosigkeit, die in uns wirkt, weil wir nicht die Liebe und Zuneigung erfahren haben, egal wie sehr wir uns auch angestrengt haben, zeigt sich in Resignation und Depression. Es wird alles sinnlos.

Härte die wir erlernt haben gegen Gefühle, Zuneigung oder Schwäche, was einzig Menschlichkeit ausdrückt, leben wir uns selbst gegenüber am Gnadenlosesten, was auf Dauer zu einem Burnout führen wird.

Egal, mit welchen Zipperlein du dich herumschlagen musst, es liegt alleine in deinem Inneren begründet und kann in Ordnung gebracht werden.

Aussagen wie „ich bin halt so" ist einzig Angst vor dem Schmerz, der zum Vorschein kommen würde, wenn man genauer hinschaut.

Kapitel 3

Erkenne die Gründe

Es ist eine Krankheit unserer Zeit, alles zu bewerten und den Maßstab hoch zu setzen. Schon lange wird unser Mitgefühl nicht mehr geweckt, wenn jemand mit einer Erkältung flach liegt, Bandscheiben geschädigt sind oder ein Unfall ohne schlimme Folgen stattfand.

Es muss etwas dramatisches sein, was unsere Aufmerksamkeit erregt, doch selbst dann wird auch das zur Gewohnheit und mit der Zeit aus dem Fokus geschoben.

Krebs, Krankheiten die wenige Menschen haben, Krankheiten die sicher zum Tode führen, Unfälle mit schweren Folgen, Schicksalsschläge die andere treffen und zu einem furchtbaren Ergebnis führen oder auch Todesfälle müssen es heutzutage schon sein, damit wir unsere Aufmerksamkeit darauf lenken. Alles andere sind Peanuts und nicht der Rede wert.

Das ist es auch, was wir über unsere Erlebnisse und Erfahrungen denken und so stellst du dir bestimmt die Frage, warum du deine Emotionen aufräumen solltest, wenn du doch eigentlich kein schlimmes Leben hattest.

Das „eigentlich" ist schon ein Hinweis, dass hier doch noch etwas anderes verborgen liegt. Es ist vollkommen egal, wie du aus deinem jetzigen Verstand deine Kindheit oder deine Lage bewertest:

> ❖ in dem Moment, als Schmerz entstanden ist, war es für dich schmerzhaft

❖ in dem Moment, als Wut entstanden ist, war es
für dich unerträglich
❖ in dem Moment, als Hilflosigkeit oder Angst
entstanden sind, war es für dich eine Lebens-
bedrohliche Situation

Du handelst in deiner Bewertung dessen genau so, wie
man damals mit dir umgegangen ist, was ja dazu geführt
hat, deine Emotionen zu verstecken.

Ein sehr prägender Mensch in meinem Leben fragt
einmal erstaunt, woher ich denn depressiv sein sollte, es
gäbe dazu keinen Grund. Doch war er es in seinem Leben
auch immer, war unberechenbar und lud seine ganze Wut
hauptsächlich an mir ab. Das führte dazu, dass ich in tiefen Glauben lebte, nicht „richtig" zu sein und alles was ich
tat, führte nicht zu der Liebe und Anerkennung, die ich so
sehnlichst wünschte. Er war nie gewalttätig, doch sehr gut
in der Lage eine Atmosphäre zu schaffen, die mich zum
Rückzug oder Verstecken in meinem Zimmer brachte.
Meine ständige Unsicherheit, wann er wieder explodiert,
hat auch meine Angst vor Männern nachhaltig geprägt.

Da mein Vater uns verlassen hatte, begann meine Depression schon in meinem dritten oder vierten Lebensjahr
und steigerte sich durch die Umstände der Ablehnung
meines Daseins bis zu dem Moment, an dem ich mein Leben mit 22 Jahren beenden wollte.

Es ist wirklich egal, wie deine Erlebnisse bewertet werden, sie haben etwas mit dir gemacht und das will angenommen werden.

Wie oft hört man den Spruch „ein kleiner Klaps hat mir
auch nicht geschadet", wenn jemand sich nicht mehr be-
herrschen konnte und mit Gewalt reagiert hat.

Doch dass hier Gewalt die einzige Lösung ist, zeigt doch genau auf, dass es wohl doch geschadet haben muss. Denn wer Gewalt erfährt, wird mit den Emotionen der Angst und Hilflosigkeit konfrontiert, sogar Todesangst kann sich in diesem Moment aufbauen. Mit diesem Gefühl nicht ernst genommen zu werden, gar mit so einem Spruch alles klein zu machen lernt das Opfer, dass es nichts schlimmes ist und wird es ebenso leben.

Wer glaubt, dass alles so harmlos ist, der sollte einmal ein kleines Kind beobachten, wenn ein Elternteil explodiert. Selbst wenn sich das nur in Geschrei entlädt zuckt das Kind extrem erschrocken zusammen und macht sich ganz klein. Wenn es könnte, würde es sich in einem Mauseloch verkriechen, sucht aber auf jeden Fall Schutz bei anderen Erwachsenen.

Es ist ein traumatisches Erlebnis für das Kind und es sucht die Schuld bei sich, denn einen anderen Grund kann es nicht geben, sonst würde man es nicht anbrüllen. Es spielt dabei noch nicht einmal eine Rolle, ob der Erwachsene das Kind dabei wirklich anbrüllt oder einfach nur wütend und laut wird.

Wenn Bücher erscheinen, in denen Menschen von ihrer Kindheit erzählen, weil sie Gewalt, Missbrauch oder Schlimmeres erlebt haben, scheint es immer noch eine Ausnahme zu sein, wenn man das Interesse daran beobachtet.

Bei meinem Beruf bekommt man jedoch das Gefühl, dass jeder zweite ein Missbrauchsopfer war, was viele auch komplett verdrängt und ins Vergessen gebracht haben. Doch im Inneren ist alles immer noch lebendig. Und so entstehen Panikattacken, Todesängste oder Todessehnsucht, ohne das man weiß warum. Oder man weiß wa-

rum, erkennt aber nicht die Dramatik hinter dem Missbrauch, denn der war normal und selbstverständlich.

Und dennoch sagte vor kurzem eine Frau, die ihren
Missbrauch und all die Emotionen aufarbeitete, dass bei
all der körperlichen Gewalt, die sie erfahren hat, die psychische um so vieles schlimmer war.

Hier ist die Erkenntnis, dass nichts Furchtbares passieren muss um emotional Schaden zu nehmen, denn das
Verstörende sind emotionale Erpressungen, Schweigen als
Strafe oder verbale Aussagen, die sich wie in einer Gehirnwäsche immer mehr verankern und als wahr angenommen werden.

Alles, was du in deiner Kindheit erlebt und erfahren
hast, ist zu einem ganz normalen Zustand geworden. Darum ist es so wichtig, jetzt mit deinem heutigen Wissen
und deinem Alter die Dinge nochmal zu beleuchten. Damit erkannt werden kann:

- ❖ dass so mancher Umgang mit dir eben nicht
  liebevoll, achtsam und respektvoll ist, es auch
  nie war
- ❖ du durch diese Erkenntnis Verständnis für die
  entstandenen Emotionen haben darfst und sie
  zulassen kannst
- ❖ Du beginnen kannst, dein ganz eigenes Wesen
  zu entwickeln um etwas anderes als Vorbild
  leben zu können

Dadurch kannst du einen über Generationen herr-
schenden Kreislauf durchbrechen und ein ganz neues
Verhalten lernen.

Bei all den Kollegen und Menschen die sich mit all diesen Dingen beschäftigen, habe ich nur wenige erlebt, die nicht nur wissen, sondern es auch umsetzen und leben.

Es genügt nicht, all diese Dinge zu wissen, es muss gefühlt und angeschaut werden. Doch die meisten haben davor Angst. Es zeigt sich jedoch nicht als Angst sondern es greifen Programme, die wir selber erschaffen haben um nicht aus Versehen mit diesen Emotionen konfrontiert zu werden.

Wir vergessen einfach, dass wir da mal hinschauen wollen. Wir finden andere Dinge wichtiger und verschieben das Ganze. Wir werden wütend und bockig und wollen da dann doch nicht ran. Wir messen uns an anderen denen es viel schlechter geht als uns und spielen dadurch unsere Situation wieder runter.

Unser Verstand redet uns ein, dass wir das gar nicht mehr brauchen, weil wir ja schon alles erledigt haben und alles wissen. Er kann uns sogar vorgaukeln, dass wir in der Selbstliebe sind. Er wird uns erzählen, dass Wertfreiheit, Bedingungslosigkeit oder Wirken eines Einzelnen nicht möglich sind und dabei mit vielen Beispielen kommen, wie es „da draußen" aussieht. Und er packt uns mit unserer tief sitzenden Emotion der Resignation, indem er uns erzählt, dass sich ja bei all dem was wir schon getan haben doch noch nichts anders geworden ist.

Es wäre gut, wenn du jetzt schon fleißig geübt hast, deine Gedanken zu hinterfragen und deinen Verstand auf seinen Platz zu verweisen: den des Dieners, nicht des Herrschers.

Der Zustand, den wir mit all der Arbeit erreichen wollen ist Gelassenheit, Neutralität und Eigenliebe.

❖ Wir können dadurch Worte, die Grundsätzlich immer neutral sind und erst durch unsere Emotionen zu etwas gemacht werden, auch neutral aufnehmen, es werden Informationen.

❖ Wir können dadurch Freude am Leben haben, in dem wir uns selber diese Freude machen, durch Entscheidungen die aus dem Herzen kommen, weil wir es fühlen können

❖ Wir leben Eigenverantwortlich und erfüllen dadurch keine Erwartungen von anderen an uns, wenn wir es nicht wollen sondern geben uns alles, was wir brauchen, selbst

❖ Wir erlauben uns glücklich zu sein und werden dadurch erfolgreich

❖ Wir haben Verständnis für uns, wissen genau was wir fühlen und reden offen darüber

Es geht um Frieden und Harmonie, die wir mit uns selbst leben, denn dann leben wir das auch in unserem Umfeld. Wir lassen uns sein, wie wir sind und können das dadurch auch bei anderen. Wir verurteilen nichts, was wir sind und tun das auch nicht mehr bei anderen und wir lassen Gefühle zu und leben sie aus.

Wir werden immer Situationen im Leben haben, die emotional sind und können endlich richtig damit umgehen, damit sich kein Berg mehr ansammeln kann. Und wir können wieder richtig lieben, denn wenn Gefühle unterdrückt werden verschließen wir unser Herz. Entweder wir fühlen oder wir sperren sie weg. Ein bisschen Schwanger geht nicht.

Kapitel 4

Die Sicht auf die Dinge
(komm rein, dann kannst du rausschauen)

Hast du schon einmal durch die Brille eines anderen geschaut? Und? Wie hast du deine Welt wahrgenommen? Unscharf? Verzerrt? Hat es sogar schwindelig gemacht? Sehr selten kann man damit besser sehen und nie so scharf, als wenn du deine eigene Brille hast.

So nehmen wir jedoch alle unsere Welt und uns selbst wahr: durch die Brille eines anderen! Nehmen wir die jetzt ab, werden wir unsicher weil wir schon so daran gewöhnt sind, mit dieser verschobenen Sicht klar zu kommen. Doch mit der Zeit erkennen wir, wie scharf wir selber sehen oder können uns die eigene Sehstärke machen lassen. Nichts anderes ist der Bewusstseinsprozess.

Hier stelle ich dir nun Fragen, die du ehrlich und un-verblümt für dich selber beantworten solltest. Hinterfrage jede Antwort. Erst, wenn sie aus tiefstem Herzen kommt ist sie deine Wahrheit und ja, es ist nicht angenehm. Wir wollen nämlich alle, dass nur unsere besten Seiten existie-ren und verweigern oft das Unangenehme. Hab keine Scheu die reine Wahrheit auszusprechen, wir sind doch unter uns.

Schreibe dir die Antworten auf, denn es schwarz auf weiß zu lesen macht es unausweichlich. Es geht wirklich nur darum, vieles zu erkennen was aus Routine, Reflex und Gehirnwäsche tief in unser Unbewusstes gesickert ist und dadurch als Wahrheit gelebt wird.

- Glaubst du, dass es etwas Bestimmtes in deinem Leben gibt, das du noch brauchst um glücklich und zufrieden zu sein?
- Was ist das, was dir fehlt?
- Muss sich ein anderer für die Erfüllung deiner Wünsche verändern?
- Wie schnell urteilst du über Menschen, egal ob positiv oder negativ?
- Wie viele Erwartungen hast du an andere und welche?
- Was macht dich traurig?
- Was macht dich glücklich?
- Wenn du faulenzt, was sagen deine inneren Stimmen dazu?
- Was ist es, was die Menschen dir am meisten antun?
- Kannst du annehmen, was andere dir geben wollen?
- Wann fühlst du dich schuldig?
- Wann fühlst du dich als Opfer?
- Was glaubst du stimmt mit dir nicht, wenn du dich einsam oder traurig fühlst?
- Benutzt du oft den Spruch „ich bin halt so"?
- Wann fühlst du dich hilflos?
- Wie oft fühlst du dich angegriffen oder kritisiert?

Bei all den Antworten, die du jetzt, zähneknirschend wenn du ehrlich warst, noch einmal durchliest, wirst du Bewertungen erkennen. Das Eine ist gar nicht so schlimm, das Andere will man gar nicht sein.

Beginne nun, dem ganzen eine Neutralität zu geben. Es ist, wie es ist. Jede positive oder negative Wertung ist die Brille des anderen, der dir seine Sicht aufgeschwatzt hat.

Doch es gilt jetzt für dich ganz alleine zu erkennen, wie du die ganze Sache siehst. Denn du bist einzigartig, hast deine ganz eigenen Pläne mitgebracht, was du leben und erfahren möchtest und kannst gar nicht sein wie ein Anderer.

Kategorien sind von Menschen erschaffen, die sich einsam fühlen und Gemeinsamkeiten suchen. Einen Halt, an dem sie sich orientieren können und eine Sicherheit, die eigene Einzigartigkeit nicht erkennen und Eigenverantwortung übernehmen zu müssen. Freiheit bedeutet das bestimmt nicht.

Noch viel wichtiger ist aber, dass hier klar zu sehen ist, was du mit dir selbst machst!

Das Spiegelgesetz wird dir Menschen und Situationen bringen, die dir zeigen wie du selbst über dich urteilst, welche Erwartungen du hast und wo du dich vom Außen abhängig gemacht hast.
Das Polaritätsgesetz wird dir Menschen und Situationen bringen, die dir zeigen welche Eigenschaften oder Einstellungen du ablehnst.

Alle Antworten führen also zu dir. Wie du wirklich über dich denkst, wie du wirklich mit dir umgehst und wo du dir selbst im Wege stehst.

Herzlichen Glückwunsch, du hast soeben den ersten Schritt in die Verantwortung für dich und dein Leben getan.

Im Laufe deiner Entwicklung wirst du immer wieder mit etwas Neuem konfrontiert, das transformiert werden möchte. Stell dir also immer die Frage: „Was macht das mit mir, und warum?"

So kannst du Stück für Stück zu dir finden, ganz in dem Tempo wie du magst und ohne Zwang. Bleib ehrlich und Achtsam mit dir und lass dir auf diesem Weg nicht neue Sichtweisen anderer aufschwatzen.

Sammle Informationen über die Selbstfindung und nimm nur als wahr an, was sich in deinem Inneren als wahr anfühlt. Alles andere kannst du ignorieren, denn es gehört nicht zu deinem Weg.

Heilung

Stell dir jetzt einfach einmal vor, in dir sitzt ein kleines, hilfloses Kind, das all das was dir widerfährt und was du selbst mit dir tust, abbekommt.

Es sitzt zusammengekauert in einer Ecke, verängstigt und alleine. Tut es dir Leid? Würdest du es gerne trösten? Es beschützen? Oder lässt es dich kalt?

Das Kind ist das Symbol deiner Seele. Alles was in den ersten sechs Lebensjahren gelehrt wurde ist tief in ihm verankert und bestimmt dein Weltbild. In diesem Kind ist Schmerz, Wut und Angst verborgen und Einsamkeit, wenn nicht genug Liebe da war.

Wenn jemand sagt, arbeite mit deinem inneren Kind, dann geht es um deine Seele. Sie ist der Dreh- und Angelpunkt, an dem kein Weg vorbei geht, wenn wir Heil werden wollen. Und es gibt nur einen, der das bewirken kann: Du selbst!

Je nachdem, wann es am traumatischsten für uns war (und das kann eine „Lappalie" gewesen sein, was im Sinne des Betrachters liegt) hat unsere Seele reagiert. Sie hat sich vielleicht abgekapselt, Teile von sich abgeschnitten, die unerwünscht sind oder einfach aufgegeben.

Meistens im Kindesalter, wenn wir noch von unseren Eltern und deren Zuwendung abhängig sind. Das erklärt, warum wir nie wirklich erwachsen werden können. Selbst in hohem Alter reagieren wir noch wie ein Kleinkind. Na? Knirschen die Zähnchen? Dabei ist doch gar nichts dabei, wie ein Kind zu sein. Oder?

Dazu muss ich einfach ein Erlebnis erzählen, dass eine Klientin von mir hatte. Nachdem sie den Auftrag hatte, sich um ihr inneres Kind zu kümmern, ging sie meditativ in sich und sah es weinend auf einer Treppe sitzen. Auf meine Frage, was sie dann gemacht hat erzählte sie, dass sie es ignoriert hat und weiter gegangen ist, in der Hoffnung ein fröhlicheres zu finden… Klar musste ich lachen, aber es war genau der Hinweis, wie sie mit sich selbst umgegangen ist. Sie brauchte übrigens danach recht lange, bis das Kind mit ihr geredet hat.

Der wichtigste Schritt bei der Heilung unserer Seele ist, sich jetzt vor das Kind zu stellen und ihm gegenüber die Rolle des Erwachsenen zu übernehmen. Das klingt im ersten Moment komisch, aber das ist Eigenverantwortung.

Als wir selbst noch klein waren, ging es nicht anders als sich an den Erwachsenen um uns herum zu orientieren. Doch jetzt sind wir selbst erwachsen und können das Ruder übernehmen.

Sage also deinem kleinen „ich" dass du:

❖ ab jetzt für es da sein wirst
❖ du es vor allem beschützen wirst, was ihm nicht gut tut

- du es ernst und wichtig nehmen wirst
- es sein darf, wie es ist
- du es liebst so wie es ist
- es dir leid tut, dass du es so lange missachtet hast
- es um Verzeihung und sein Vertrauen in dich bittest
- du es wieder voll und ganz als Teil von dir annimmst
- du es brauchst um vollständig zu sein

Hör dir an, was es zu sagen hat. Alles was traurig macht, wütend oder verletzt. Und auch wenn all das durch andere ausgelöst wurde, nehme die Verantwortung auf dich und zeige ihm, dass es bei dir sicher und geborgen ist. Denn all die Vorwürfe richten sich auch gegen dich, weil du mit dir selbst so weiter gemacht hast, wie du es gelernt hast.

Der Moment, in dem man das Kind umarmt, ihm all das sagt und auch ernst meint, wird Tränen fließen lassen und heilen. Und du erkennst was es bedeutet, dass nur du selbst dir geben kannst, was du ersehnst.

Und je mehr Zeit du mit dir verbringst, umso mehr Kinder in verschiedenem Alter wirst du kennen lernen. Viele Themen werden sich für dich erklären und du kannst sie auflösen. Du hörst dir zu und gibst dir Aufmerksamkeit, somit ist es auch nicht erforderlich für deine Seele, diese durch körperliche Symptome einzufordern.

Erkenne den Schmerz in dir und erlaube dir selbst, diesen zu leben. Dadurch kann er endlich aus unseren Tiefen gehen und heilen.

Wir lernen Mitgefühl mit uns selbst, zulassen von Emotionen und Verständnis dafür, wer wir wirklich sind und was uns ausmacht.

Wir sehen und verstehen, wie wir wirklich sind und was von uns alles unterdrückt und weggeschoben wurde, können durch eine erwachsene Weise all das annehmen und uns nicht mehr von anderen sagen lassen, wer oder wie wir sind. Und wir erkennen klar, dass wir nur so gesehen werden wie wir geformt wurden, nie wie wir wirklich sind.

Willkommen in deiner ganz eigenen Welt. Wo du ankommen kannst und deinen Halt findest.

Kapitel 5

Warum sollte ich?

Unser Verstand wird uns bei allem in die Suppe spucken, was ihm nicht logisch oder erklärbar scheint. Wir haben Erfahrungen abgespeichert, die uns davor schützen sollen, wieder den gleichen Fehler zu machen.

Spring über den Widerstand hinweg und nimm einfach aus Spaß an der Freude einen anderen Blickwinkel ein. Was ist denn schon dabei? Mit dieser lockeren Art kannst du dir auch entspannt die Sicht der Anderen anhören um zu sehen, ob das ein oder andere dir zusagt.

Wenn du zum Beispiel Rechnungen im Briefkasten hast, wie ist deine Reaktion? Stöhnst du innerlich, weil hier schon wieder jemand nur dein Bestes will? Fang einfach einmal an, zu erkennen, dass du für das was du bezahlst etwas bekommen hast. Und dass es ganz selbstverständlich ist, deine Wertschätzung dafür dadurch auszudrücken, indem du sie gerne bezahlst.

Was das bringen soll? Du beginnst, auch deine Leistungen und deine Zeit Wert zu schätzen, was wiederum Kraft des Spiegelgesetzes dir ebenso von deinem Umfeld entgegen gebracht wird. Du beginnst somit einen neuen Kreislauf der voller Wertschätzung ist.

Eine Klientin war auf Wohnungssuche (wobei ich immer auf die Wortwahl achte. Wohnung „finden" führt eher zum Erfolg.)

Aus Angst, sie nicht zu bekommen machte sie unehrliche Angaben über sich. Sie bekam die Wohnung und stellte nach einer Weile fest, dass sie auch von ihrem Vermieter belogen wurde. Ihre Nebenkosten stiegen ins unermessliche. Eine ehrliche Selbstreflektion hat sie auf die Ursache gebracht. Bei der nächsten Wohnung war sie ehrlich.

Das macht Sinn, denn wenn du klar sagst, was den Vermieter erwartet, kannst du auch den finden, der Verständnis für deine Situation hat und sich bewusst für dich als Mieter entschieden hat.

Wenn du Selbstständig bist, wie gehst du dann mit deiner Zeit und deinem Klientel um? Hast du Angst davor, einen Auftrag nicht zu bekommen und bist dadurch erpressbar? Diktiert der Kunde? Kommen Zahlungen pünktlich oder gar nicht, obwohl du alles möglich gemacht hast, was du konntest, weil es erwünscht war?

Wo sind die Wertschätzung und das Vertrauen, dass hier unbedingt nötig wäre, um erfolgreich zu sein? Und was hättest du zu verlieren, wenn du einfach nur mal umdenkst und eine andere Sicht einnimmst?

Das was du machst, kannst du gut, sonst hättest du dich nicht Selbstständig gemacht. Mit Leidenschaft wird alles zu einem Kunstwerk. Kein Anderer, egal wie viele das gleiche machen, kann es so wie du und es wird immer wieder Menschen geben, die genau das brauchen und wollen, was nur du zu bieten hast. Und sie werden es schätzen. Du bist einzigartig und so ist auch deine Arbeitsweise.

All das im inneren verankert lässt jene Kunden verschwinden, die nicht Wert schätzen und du vergeudest deine Zeit und Energie nicht mehr mit Zahlungsunwilligen Kunden.

Umdenken kostet kein Geld und tut nicht weh, kann aber dein ganzes Universum zum Positiven verändern. Kann man doch mal machen, man hat doch nichts zu verlieren, oder?

Wenn es eine Situation in deinem Leben gibt, die dir Sorge bereitet, grübelst du dann bis zum umfallen? Machen sich Ängste breit oder willst du unbedingt etwas tun?

Die meisten Situationen sind doch in der Schwebe. Sorgen machen wir uns über „was wäre wenn" und können doch nichts anderes tun als abzuwarten, ob es wirklich so kommen wird. Hast du schon mal über die Zeit nachgedacht, die du dadurch in absolut erschöpfender Weise verbringst? Manche verbringen so ihr ganzes Leben, weil sie über ihr Alter nachdenken und was aus ihnen wird.

Ebenso sind jene, die auf irgendetwas warten, damit ihr Leben so werden kann, wie sie es sich wünschen. Das ist das berühmte „wenn, dann". Wie viel Zeit verbringst du dann mit warten darauf und vergisst zu leben?

So mag es vielleicht schwachsinnig sein, wenn dir gesagt wird, lebe im jetzt, akzeptiere was ist oder alles ist gut so wie es ist, aber es erhöht deine eigene Lebensqualität enorm und macht dein Leben reicher und erfüllter, einfach weil du dich auf das Jetzt fokussierst und so vieles mehr mitbekommst, was lebenswert ist. Man genießt den Moment, und zwar jeden Einzelnen.

Wie frei bist du in deinen Entscheidungen? Wir beginnen irgendwann, Dinge abzulehnen, die man uns aufdrücken wollte. Frisuren, die wir als Kinder hatten, Meinungen anderer die uns missionieren wollten, Essen das wir essen mussten oder vielleicht spazieren gehen, weil wir dazu gezwungen wurden. Diese Ablehnung lässt uns alles andere als frei sein, denn sie erlaubt uns nicht im Entferntesten, nochmals neutral an die Sache heran zu gehen.

Denken wir einfach mal um und sagen entspannt, bis heute hab ich das abgelehnt, aber ich kann ja noch mal einen Blick drauf werfen, ob mir das nicht doch zusagt. Dadurch gibst du dir die Freiheit der Entscheidungen.

Diese Freiheit sollten wir uns jeden Moment geben, denn was auch immer wir in einer anderen Sichtweise entschieden haben, kann nun als für uns nicht mehr stimmig, ganz einfach und locker wieder neu entschieden werden.

Die Freiheit zu sein wer du bist und deine eigene Wahrheit zu leben wird immer leichter, je mehr du dich kennen lernst ohne die Einflüsse von außen. Dazu solltest du dich aber von jeder Abhängigkeit befreien.

Wie gehst du mit Kritik um? Denkst du dabei, dass es dir egal ist, was andere denken? Das ist einfach, weil es ein einstudierter Spruch ist. Andersrum: Wie ist es mit Lob und Anerkennung? Freust du dich darüber und macht es dich stolz? Wenn auch nur ein wenig? An deiner Antwort erkennst du, ob es dir wirklich egal ist, was andere über dich denken.

Ist dir Anerkennung wichtig, dann bist du noch abhängig.

Manipulation

Bei all der Beachtung, die du dir Hoffentlich jetzt schenkst, könnten dir viele Arten der Manipulation auffallen. Man könnte es auch Psychotricks nennen, sofern diese Manipulation mit vollem Bewusstsein ausgeübt wird. Und jeder will wissen, wie es geht um sein Ziel zu erreichen.

Der Renner bei den Frauen sind wohl Informationen, wie Männer ticken und wie man sie dazu bekommt, dies oder das zu tun.

Egal, was du schon gelesen und gehört hast, es ist Manipulation und greift in den Raum eines anderen ein. Außerdem bekommen wir unglaublich viele Tipps, wie wir uns verhalten sollen, was gar nicht geht oder was wir alles falsch machen können.

Unser Ego ist übrigens am meisten dafür verantwortlich, dass wir uns manipulieren lassen. Denn oft steht ein „ich will aber" das bis zur Verbissenheit werden kann, obwohl wirklich alle Zeichen dafür stehen, dass es nicht sein soll.

„Ich bin ein netter und liebenswerter Mensch, der keiner Fliege was zuleide tun kann" ist in Wahrheit: „Ich will, dass du mich so siehst und keinen Blick auf meine dunkle Seite wirfst."

Du gibst einem anderen dadurch sehr viel Macht zur Manipulation, denn er braucht dich dabei nur emotional zu erpressen, indem er dich nicht mehr mag und das durch Schweigen, Zorn oder Ablehnung zeigt.

Um unbedingt gemocht zu werden und wieder die Sichtweise auf dich zu korrigieren, wirst du alles tun, auch wenn es dir total gegen den Strich geht.

Du stellst damit natürlich andere Menschen über deine Bedürfnisse und noch schlimmer, übernimmst auch noch die Verantwortung für das Wohlbefinden anderer. Denn wenn dein Verhalten jemanden traurig macht, dann wirst du alles dafür tun, dass der andere wieder glücklich wird, auch wenn es dir auf Dauer sogar an die Gesundheit geht.

Das Ego ist auch die Angst und so wirst du, wenn du Angst vor etwas hast, auch genau da manipuliert werden können. Sei es bei der Arbeit, wo du immer mehr aufgehalst bekommst oder immer schlechtere Bezahlung oder in einer Beziehung die eigentlich gar keine mehr ist.

Klare Aussagen, die vom Ego sind, werden von Ablehnung und Festhalten geprägt.

- ❖ Ich will nicht alleine sein
- ❖ Ich will aber, dass es funktioniert
- ❖ Ich will nicht dumm dastehen
- ❖ Ich will nicht abgelehnt werden
- ❖ Ich will aber, dass es jetzt geschieht
- ❖ Ich will, dass er/sie sich ändert

Das Festhalten und das gegen Situationen stellen kostet so unglaublich viel Energie und Kraft, dass es uns erschöpft und auf Dauer krank macht. Wo soll auch die Energie herkommen, die wir hier in Mengen brauchen.

Alles, was wir wollen, was jedoch mit anderen Menschen oder Umständen zu tun hat, haben wir nicht in der Hand. Jeder Mensch ist frei in seinen Entscheidungen und seinem Tun, egal wie sehr wir mit dem Kopf durch die Wand wollen.

Das gilt es zu akzeptieren und trifft auf so ziemlich alles zu, was uns im Leben begegnet.

Hat ein Mensch entschieden, dass er keine Tiere mehr essen möchte, dann kann er andere darüber informieren, warum er das tut und dem Anderen die Entscheidung darüber überlassen, ob er das auch tun will oder ob er bewusst weiterhin Tiere essen wird.

Wenn jedoch der Vegetarier jetzt „will", dass alle das machen sollen, so überschreitet er die Grenze des freien Willens und der Eigenverantwortung. Durch Sicht auf das Spiegelgesetz könnte er dann übrigens erkennen, dass er selbst keine Grenzen setzt und dieses aufzwingen auch ihm ständig begegnet. Der Andere geht wiederum in den Widerstand und wird noch nicht einmal darüber Nachdenken, ob es für ihn vielleicht auch eine Möglichkeit sein könnte. Er „will" sich nämlich zu nichts zwingen lassen.

Noch einen? Kennen Sie diejenigen, die die Erde für Flach halten? Oder jene, die Theorien über Außerirdische haben? Oder irgendeine andere schräge Ansicht auf unsere Welt und das Universum? Warum herrscht bei all dem meist ein Krieg zwischen den Fronten?

Weil keiner mit Achtung und Respekt, schon gar nicht Liebevoll im Umgang miteinander ist.

Während die einen stur an ihrer Sicht festhalten und sich im Inneren ein „ich will das nicht hören" aufbaut, sie die andere Sicht dadurch vielleicht sogar als lächerlich ansehen, sind die anderen in Mission unterwegs, weil sie doch „die Augen öffnen wollen". Beide Parteien werden verbissen.

Jene die nicht zulassen wollen, was andere glauben haben noch nicht erforscht, was sie selbst glauben. Sie leben alles, was Ihnen beigebracht, eingetrichtert und durch ständiges Wiederholen in ihnen zu ihrem Glauben gemacht wurde. Es ist ihr Halt, den sie brauchen um in dieser Welt zurecht zu kommen. Und was soll ich sagen: das ist ihr gutes Recht.

Jene, die auf die anderen Aspekte aufmerksam machen wollen, sind vielleicht selbst noch auf der Suche nach ihrem Glauben oder haben ihn gefunden und wollen andere ebenfalls „erwecken".

So oder so ist das egoistisch und entgegen dem was uns in Frieden leben lässt: den anderen sein lassen wie er ist.

Dabei will jeder genau dies für sich in Anspruch nehmen. Warum dann nicht einfach als erster damit anfangen?

Im Übrigen gibt es sehr viele, die leben lassen können, diese sind jedoch oft still und leben ihre Entscheidungen und Ansichten für sich. Sie teilen sich jedoch gerne mit, wenn man sich dafür interessiert.

Meine schräge Sicht auf das Leben und die Menschen bringt übrigens meine Familie oft an ihre Grenzen und die ihre mich, doch alles geschieht mit Humor und Gelassenheit. Das ist leben und leben lassen.

So lasse ich mir gerne eine andere Sicht zeigen, entscheide aber immer, ob mir diese zusagt und ich sie annehme oder ob ich sie als für mich nicht wichtig einstufe.

So ist mir vollkommen egal, ob die Erde flach oder rund ist, es ändert nichts an meinem Leben und dem, was ich erfahren möchte.

Offen zu sein für andere Sichtweisen eröffnet dir Raum für vollkommen neue und wundervolle Erfahrungen, kommst du doch bei allem, was dich neugierig macht oder anzieht, deinem eigenen Selbst immer näher.

Bist du also gelassen und lässt andere Meinungen zu, kann dich auch keiner dahin gehend manipulieren dass er dir den Tag versaut, indem er dich zur Weißglut bringt.

Wenn du dir bewusst bist, wer du bist, dass du nur für dich verantwortlich bist und immer das Recht hast neue Entscheidungen zu treffen, dann funktionieren auch Manipulationen nicht, die zum Beispiel mit dem Satz „Könntest du für mich..., du darfst aber selbst entscheiden.." immer gut gingen. Da du selbst weißt, dass du entscheiden kannst, wird das Ego, das hier bestimmt eine Zustimmung fordert, nicht mehr greifen.

Du wirst abwägen, ob du es wirklich tun möchtest oder nicht, egal wie die Bitte an dich heran getragen wird.

Stück für Stück lernst du, dass wirklich jeder einzelne seine ganz eigene Welt hat, weil einfach andere Dinge im Fokus sind als bei einem selbst. Immer mal wieder begegnest du jemandem, bei dem ein kleiner Teil deiner Welt mit der des anderen übereinstimmt, doch in allem die gleiche Weltanschauung zu erwarten, ist zum Scheitern verurteilt.

Deine Sicht ist vollkommen in Ordnung, du brauchst keine Bestätigung von jemand anderem, damit du dir sicher sein kannst. Akzeptiere das und du kannst andere neben dir bestehen lassen.

Das Dunkle in dir

Entgegen all dem, was uns die Gesellschaft lehrt, ist das „Dunkle", „Böse" oder das „Sündhafte" etwas ganz Natürliches und wird nur durch unser eigenes Werturteil als schlecht definiert. Es ist also auch hier eine Sichtweise, die uns das Leben nicht gerade einfacher macht und uns auch nicht erlaubt, tolerant zu sein.

Es geht dabei nicht darum, gut zu heißen, wenn etwas Furchtbares geschieht, sondern zu verstehen, dass so etwas geschehen kann. Selbst du bist nicht davor gefeit. Wenn du das akzeptiert und angenommen hast, kannst du freier Leben.

Der Drang unserer Gesellschaft zu vergleichen lässt vieles harmlos erscheinen, was aber doch schon zu den oben genannten Kategorien zählen könnte. Und man braucht nicht lange zu suchen um eine bösartigere Situation zu finden als die eigene.

Zu den „Kleinigkeiten" unserer Gesellschaft zählen unter anderem:

❖ Manipulation
❖ emotionale Erpressung
❖ psychische Folter
❖ Bestechung

Du glaubst, dass du sowas nicht machst? Dann Frage ich dich, und sei bitte auch hier ehrlich, ob du bei folgenden Situationen ein zähneknirschendes Ja in deinem Inneren vernimmst.

Manipulation

Etwas unbedingt zu wollen ist kein Problem, solange man es nicht von einer bestimmten Person bekommen will. Handelst du dann aber mit der Absicht, ein Ergebnis zu erreichen, das deinem Wunsch entspricht, ist das Manipulation.

Beispiel:
Ein Mann möchte alleine für ein paar Tage weg fahren und weiß, dass seine Frau nur in Hotels übernachtet. Er hat ein Wohnmobil und bestimmt, dass er in diesem übernachten möchte mit dem Hintergrund, dass seine Frau dann nicht mitkommen wird.

Eine Frau hat eine Affäre mit einem gebundenen Mann und wünscht sich, dass dies eine feste Beziehung wird. Sie trennt sich von ihm mit der Hoffnung, dass er dadurch eine Entscheidung für sie trifft.

Du liest psychologische Informationen darüber, wie Menschen ticken um es dann anzuwenden.

Das ist doch nicht schlimm sagst du?
Ok. Schau doch mal, ob du gerne manipuliert werden möchtest. Das ist dir schon begegnet? Hast du dich wohl dabei gefühlt? Möchtest du Menschen so kennen lernen wie sie wirklich sind oder wie sie gelernt haben zu sein?
Wie wäre es, wenn dich jemand unbedingt „besitzen" möchte, obwohl du nicht in der Lage bist, eine Entscheidung zu treffen?

Einen Menschen mit Nichtachtung zu strafen, weil er nicht „lieb" war, ist Erpressung. Ihn dazu zu bringen, alles zu tun damit du wieder mit ihm redest, ist Erpressung.

Beispiel:
Eine Freundin lernt, sich abzugrenzen und nicht mehr alles hin zu nehmen, was sie belastet. Auch dir werden Grenzen gesetzt und das verärgert dich. Du ziehst dich zurück und sprichst nicht mehr mit ihr, bis sie wieder so funktioniert, wie du es gewohnt bist.

Dein Partner hat Pläne, die dir nicht in den Kram passen. Du strafst ihn mit Missachtung bis er reumütig einsieht, dass er egoistisch war.

Die Kinder deines Partners sind nicht brav und du drohst damit, den Partner zu verlassen, wenn sie sich nicht benehmen. (eine ziemlich schädliche Form von Erpressung, lernen die Kinder doch, dass sie verantwortlich sind, wenn die Partnerschaft nicht läuft)

Wie ist es bei dir? Wie oft hast du diesen Weg versucht? Hat es dich glücklich gemacht? Die Gründe, warum du schweigst mögen für dich richtig sein, doch wenn du eine Beziehung in jeder Form nicht zerstören möchtest, dann ist das ein nicht effizienter Weg.

Psychische Folter

Ein Mensch wird ständig kritisiert und es wird ihm eingebläut, dass er nichts taugt.

Ein Mensch, der mit einem Handicap leben muss, ist stetes Ziel von Lästereien und Spott.

Ein Mensch, der in der Gesellschaft „versagt" hat wird mit Verachtung und Ablehnung behandelt.

Glaubst du, dass es nichts ausmacht, wenn du ein wenig lästerst? Vielleicht macht die Meinung eines Einzelnen nicht viel, doch es sind ja noch mehr. Was, wenn genau deine letzte Bemerkung bei einem Menschen das Fass zum überlaufen gebracht hat?

Auch wenn man in der Masse untergeht, so hat doch jeder einzelne gefoltert. Das Maß der Gesellschaft ist nicht für jeden gedacht. Es sind oft die besonders sensiblen und empfindsamen Menschen, die dem Druck und der Härte unserer Welt nicht stand halten können. Ist das dann nicht Folter, wenn man dafür auch noch am Pranger steht?

Übergewichtige, die oft den Kummer in sich rein fressen, Alkoholiker, die der Realität entfliehen oder Obdachlose, die oft auch einmal ein gutes Leben in gehobener Position hatten, unter dem Druck jedoch zusammen gebrochen sind?

Wir Bewerten einen Fisch danach, wie gut er Fahrrad fährt und beachten dabei nicht seine Schwimmkünste, weil wir doch an Land leben. Alles muss angepasst und berechenbar sein.

Wie fühlst du dich, wenn du in der Lage des anderen bist? Ist es dein Wunsch, dass auch du so behandelt wirst?

Bestechung

Eltern haben keine Zeit für ihr Kind und kaufen ihm viele nette Dinge.

Ein Mann beschenkt seine Frau immer, wenn sie sich gut präsentiert hat.

Eine Frau schenkt einem Mann eine Reise, wenn er ihr den Seitensprung vergibt.

Ein Mensch verschenkt viel, damit er gemocht wird.

Bestechung ist ein Freikaufen von den eigenen Schuldgefühlen. Wenn dann noch Bedingungen damit verknüpft sind, kauft man sich das, was man will.

Man muss nicht mehr darüber nachdenken, ob hier vielleicht eine Ursache der Situation geändert werden muss, oder gar hinterfragt, man kann so weitermachen wie immer ohne etwas ändern zu müssen.

Es gibt sehr viele Nuancen der dunklen Seite, die über Egothemen wie Neid, Missgunst oder Angst, zu den ganz abgelehnten wie Hass, Mordlust und Gewalt gehen.

Jemand der sein Leben lang psychisch gefoltert wurde weiß, wie nah man dem Mörder in sich kommen kann. Und viele sind schon aus Gewohnheit mit Hass und Gewalt unterwegs.

Bei all dem, was ich gerade aufgezählt habe, geht es nicht darum verbissen friedlich, harmonisch oder freundlich zu sein, sondern dass man sich bewusst macht, dass wir alle keine Engel sind und auch diese Schattenseiten in uns tragen. Du kannst auch so weiter machen wie bisher, der springende Punkt ist nur, dass du die Verantwortung für dein Handeln übernimmst und die Konsequenzen ganz klar bewusst machst.

Alles, was du aussendest kommt zu dir zurück. Und so, wie vielleicht deine Kritik an einem anderen der Auslöser für einen Amokläufer sein könnte, so kann ein freundliches Lächeln und ermunterte Worte die Hoffnung und Rettung für diesen sein.

Lerne also deine dunkelste Seite kennen und akzeptiere sie ebenso, wie du das Helle akzeptierst. Wir werden keinen Heiligenschein auf dieser Erde bekommen, denn wir sind hier um uns als Mensch zu erfahren. Und das eine kann ohne das andere nicht funktionieren.

Ausgleich, also Harmonie und Frieden entsteht durch das Annehmen von allem, was uns ausmacht. Ohne Wertung und ohne Verurteilung. Und wieder bist du dir einen ganz großen Schritt näher gekommen.

Kapitel 6

Eigenverantwortung

Wir sind uns immer nur darüber bewusst, wie andere mit uns umgehen, sammeln gerne Sprüche, um sie anderen unter die Nase zu halten und glauben, dass wir das Opfer in diesem ganzen Spiel sind.

Gleichzeitig verstecken wir uns in der Masse um nicht in die Verantwortung für unser Handeln zu gehen.

Das zeigt sich in vielen Kleinigkeiten, die unbeachtet keine Rolle zu spielen scheinen, uns aber im Leben bremsen und zum Stillstand führen. Und abhängig machen.

❖ Wir warten darauf, dass jemand eine Entscheidung fällt, damit unser Leben eine Veränderung erfährt.
❖ Wir kaufen Produkte aus Massentierhaltung obwohl wir das verurteilen.
❖ Wir machen unser Wohlbefinden vom Verhalten eines anderen abhängig.
❖ Wir drücken uns so lange vor einer Handlung, bis ein anderer das Ruder in die Hand nimmt.
❖ Wir übergeben Ärzten, Therapeuten oder Krankenhäusern die Verantwortung für unsere Gesundheit.
❖ Wir halten so lange an Situationen fest, die uns nicht gut tun, bis das Schicksal zuschlägt.

Bei allem, was du tust trägst alleine du die Verantwortung. Der Satz: „ich hatte keine andere Wahl" trifft nicht wirklich zu, denn die hast du immer.

Selbst wenn es um Leben oder Tod ginge, hättest du die Wahl.

Wer nicht eigenverantwortlich lebt, wird immer anderen die Schuld an seiner Situation geben. Ein Dieb, der verpfiffen wurde gibt dem die Schuld, der ihm das eingebrockt hat, vergisst dabei jedoch, dass er vorher die Wahl hatte, ob er stehlen will oder es sein lassen.

Alles was wir tun hat Konsequenzen und du kannst tun was du willst, wenn du bereit bist, die Verantwortung dafür zu übernehmen und die Konsequenzen zu tragen.

Wie es zu den Konsequenzen kam ist dabei vollkommen uninteressant.

Kaufst du Produkte, die aus Missständen in Umgang mit Tieren entstanden sind, bist du mit dafür verantwortlich, dass der Zustand beibehalten wird.

Oft höre ich, was ein einzelner denn dagegen ausrichten soll, doch hier ist wieder die Masse... Wenn jeder so denkt, ändert sich nichts. Doch fängt jeder einzelne an etwas zu ändern, werden diese bald die Masse sein.
Also zählt auch jede Entscheidung von dir.

Manche warten darauf, dass sie einen neuen Partner kennen lernen, damit sie aus der noch bestehenden Partnerschaft „gerettet" werden. Sie übernehmen nicht die Verantwortung für ihr eigenes Glück und werden, sollte tatsächlich jemand kommen, den neuen Partner mit der Erwartung, glücklich gemacht zu werden, erdrücken und erneut unglücklich sein.

Als ich selbst in einer Situation war, in der ich darauf wartete, dass ein Mann sich für mich entscheidet, kam in mir die Frage auf warum ich mich denn nicht selbst für mich entscheiden würde. Daraufhin habe ich mich aus der Warteposition gelöst. Später war mir klar, dass der Mann noch nie in seinem Leben wirklich eine Entscheidung getroffen hatte, sondern alles immer so lange aussaß, bis ein anderer handelte. Ich würde also heute noch warten.

Das Leben ist zu kurz um zu warten. Und es zählt weder das Alter, die Herkunft oder die Erfahrungen, wenn wir uns endlich entscheiden, unserem Leben eine neue Richtung geben zu wollen.

Erkenne die Eigenverantwortung in deiner Gesundheit. Gehst du achtlos mit deinem Körper um, kann die Konsequenz Krankheit sein. Ärzte helfen dabei, die Symptome zu behandeln, doch machst du weiter wie bisher, ist die Ursache nicht beseitigt und du wirst wieder zum Arzt müssen. Du hast die Wahl.

Erkenne die Eigenverantwortung in deinem Beruf. Glaubst du, nicht gut genug zu sein und nimmst einen schlecht bezahlten Job an, kann die Konsequenz Unzufriedenheit und Mangel sein, der deine Lebensqualität einschränkt.

Erkenne die Eigenverantwortung in deinem Leben, damit du auch andere in dieser Verantwortung ihr Leben leben lassen kannst. Denn wer nicht Eigenverantwortlich lebt, wird andere mit Sorge, Ratschlägen oder Vorschriften ebenfalls nicht darin stärken können, diese zu leben.

Einen Menschen vor Konsequenzen zu schützen ist nie so konstruktiv, wie ihn bei der Konsequenz zu unterstützen. Ebenso wenig ist es gesund für die Entwicklung eines Menschen, wenn er stets in seiner Opferrolle bestätigt und bemitleidet wird.

Alles, was in uns verankert ist wird vom Unterbe-wusstsein in die Realität umgewandelt. Das ist die Konse-quenz unserer Entscheidung, was wir glauben wollen und was nicht, die Konsequenz daraus, was wir in uns verän-dern wollen und was nicht und die Konsequenz daraus, wie viel Verantwortung wir für uns übernehmen wollen.

Kapitel 7

Wie du Veränderungen in deinem Leben bewirken kannst

Entscheide Dich jetzt

Jede Veränderung beginnt mit deiner Entscheidung. Also entscheide dich jetzt, ob du etwas verändern möchtest oder alles so bleiben soll wie es ist.

❖ Entscheide dich ob du weiterhin glauben möchtest, dass du ein Opfer in deinem Leben bist oder du selbst alles in die Hand nehmen kannst.
❖ Entscheide dich, ob du weiterhin glauben möchtest, was du über dich denkst oder ob es deine eigene Wahrheit gibt, die du finden möchtest.
❖ Entscheide dich, ob deine Sicht auf die Welt weiterhin bestehen soll oder ob du auch andere Perspektiven kennen lernen möchtest.
❖ Entscheide dich, ob du frei sein möchtest von Vorschriften und Zwängen oder ob du lieber weiterhin in der Menge unsichtbar bleiben möchtest.

Entscheidungen sind es, die unser Leben beeinflussen und es ist am gesündesten, wenn wir sie aus unserem inneren Wesen heraus treffen.

Wenn du gerne Zeit für dich haben möchtest, dein Telefon klingelt und du ran gehst, dann hast du entschieden, dass du nicht wichtig genug bist um dir die Zeit für dich zu gönnen.

Wenn du jetzt auch noch unfreundlich am Telefon bist oder genervt, dann ist es dein Inneres, dass hier mit dir unzufrieden ist.

Wenn du dir selbst etwas versprochen hast, es aber dann doch wieder ignorierst, weil wieder ein anderer wichtiger ist als du, dann bist du in deinem Inneren frustriert, weil du dein Versprechen nicht gehalten hast.

Alles liegt an unseren Entscheidungen. Hier sind ein paar Formulierungen, die dir helfen können durch einfache Entscheidungen eine Veränderung zu bewirken:

❖ Ich entscheide mich jetzt, mir besser zuzuhören
❖ Ich entscheide mich jetzt, achtsam mit mir und meinem Körper umzugehen
❖ Ich entscheide mich jetzt, die Verantwortung für mich selbst zu übernehmen
❖ Ich entscheide mich jetzt, mich selbst kennen zu lernen
❖ Ich entscheide mich jetzt, meine Vergangenheit zu heilen um sie loslassen zu können
❖ Ich entscheide mich jetzt, dass ich mir selbst wichtig bin
❖ Ich entscheide mich jetzt, mein ganzes Wesen zu erkennen und zu entfalten
❖ Ich entscheide mich jetzt, dass kein anderer für mein Wohlbefinden oder mein Unwohlsein verantwortlich ist
❖ Ich entscheide mich jetzt, dass ich alles erreiche, was ich mir wünsche

In dem Moment, an dem du entscheidest, werden sich Situationen ergeben, die dir dabei helfen, deine Entscheidung durchzuführen. Deine Achtsamkeit wird sich verändern und dir fallen Dinge auf, die du vorher übersehen, überhört oder einfach ignoriert hast.

Als Gewohnheitstiere machen wir einfach, ohne weiter Fragen zu stellen. Irgendwann haben wir vielleicht hinterfragt, sind zu einem Entschluss gekommen und finden es überflüssig, nochmals das Thema aufzugreifen.

Hast du z.B. entschieden, dass du achtsamer mit dir und deinem Körper umgehen möchtest, fällt dir plötzlich auf, dass du vielleicht so manche Lebensmittel nicht verträgst, was bestimmte Aussagen in dir auslösen oder was genau in deinem Körper zwickt und zwackt.

Deine Vorlieben beim Essen können sich verändern, du schaust genauer hin, was du konsumierst oder du beschäftigst dich intensiver mit deinem gewohnten Verhalten.

Egal, was auch immer du entschieden hast, es wird dir aufgezeigt, wo du dir selbst im Wege stehst, weil eingefahrene Muster dich geprägt haben. Nur was erkannt wird, kann auch aktiv verändert werden, also heißt es, alles hinterfragen, was für dich „normal" zu sein scheint, damit du erkennen kannst, ob es für Dich in Ordnung ist.

Es gibt einfach keine Vorgabe, wie „man" zu sein hat. Sich selbst zu erkennen und mit sich im Einklang zu sein heißt lediglich, alles was dich ausmacht, also dein Wesen, deine Gefühle und dein Charakter, als für dich normal zu betrachten und liebevoll anzunehmen.

Stell dich deiner Angst. Viele Dinge tun wir nicht, weil wir Angst vor den Konsequenzen haben. Lehnen wir eine

Bitte ab, haben wir oft Angst, als unhöflich oder egoistisch zu gelten. Diese Erfahrungen haben wir auch schon gemacht, da es ein Glaubensmuster ist, das in uns in frühen Tagen entstanden ist.

Alles, was an Glaubensmustern in uns verankert ist, entstand aus einer einzigen Situation heraus. Seit dem erfahren wir dies immer und immer wieder. Stellen wir uns der Angst vor den Konsequenzen und lernen wir, dass „nein"-sagen unser natürliches Recht ist und selbstverständlich sein sollte, wird sich die Reaktion darauf auch ändern.

Zur Erinnerung: Was in dir ist, wird dir gespiegelt. Je selbstverständlicher du dich selbst annimmst und dir erlaubst du selbst zu sein, desto mehr wird dir dies auch von deinem Umfeld zugestanden. Und plötzlich ist dir keiner mehr Böse, weil du nein gesagt hast.

Entscheide dich auch dafür, erst bei dir zu schauen, wenn dich etwas frustriert, verärgert oder sonst wie beschäftigt. Nur dadurch kannst du aufhören, an anderen deine Launen auszulassen oder auch dich betroffen zurück zu ziehen.

Viele Dinge wollen wir auf den Tisch bringen, wenn wir erkennen, was in uns so brodelt. Doch es macht nicht viel Sinn, da wir das nur tun wollen, um eine Reaktion zu bekommen. Wieder würden wir uns abhängig davon machen, wie ein anderer reagiert.

Schreibe stattdessen Briefe in denen du alles aufschreibst, was heraus möchte. Beginne immer mit der Bitte um Vergebung des anderen und des Verzeihens von deiner Seite. Dann nimm kein Blatt vor den Mund. Es geht nur darum, dass endlich mal alles raus darf, was schon so lange in dir versteckt war. Je nachdem können es viele Seiten, oder auch viele Briefe an die gleiche Person sein. Erlaube dir alles! Schrecke vor keiner Emotion zurück, selbst wenn sie in den Hass gehen sollte. Alles darf da sein, war schon immer da, ist ein Teil unseres Wesens und darf sich zeigen.

Bewerte dich nicht, verurteile dich nicht und lies es nochmal durch, wenn du dir bewusst machen möchtest, was da alles zum Vorschein kam.

Dann verbrenne den Brief und lass die Asche vom Wind oder Wasser davontragen.

Denkst du jetzt, was für ein Quatsch? Ja, mag sein, aber was kostet es dich, es einfach einmal zu probieren um dann festzustellen, wie erleichternd das für dich und deine Seele sein kann? Ich setzte sogar noch einen drauf und sage dir, schreibe auch jenen, die nicht mehr da sind…

Durch diese Art, alles aufzudecken und loszuwerden kannst du sehr genau erkennen, was da alles in dir brodelt und zu welcher Vielfalt an Emotionen du tatsächlich fähig bist. Es wird dich befreien und bringt dich dir selbst sehr viel näher.

Je mehr du aufdeckst, desto stärker können die Emotionen werden. Erlaub dir, sie zu fühlen und auszuleben. Wie gesagt, durch schreien, Kissen klopfen oder auch Sport kannst du sehr viel abbauen, ebenso wie durch weinen. Du hast den Deckel deines Dampfkochtopfes geöffnet.

Stelle dich bitte auch dieser Angst vor der Wucht an Emotionen, denn sie hat bisher verhindert, dass du sie überhaupt wahrnehmen wolltest. Willst du Frieden in dir, geht das nur durch zulassen der Gefühle.

Lass dich nicht beirren in deinem Vorhaben, denn es ist oft das engste Umfeld, das dich weiterhin so haben möchte wie du warst. Das hat funktioniert und wenn du dich veränderst, wird es unbequem.

Wenn du beginnst, etwas zu verändern vergleiche ich es oft mit einem Pendel, das an der Decke festklebt. Du löst es und es schwingt erst einmal rasant bis an die andere Seite wieder zur Decke. Es braucht Zeit, bis es sich beruhigt hat und gerade hängt.

So ist das mit vielem, was du anders machen wirst. Hast du erkannt, dass du ein ungesundes Muster gelebt hast und stellst es ab, dann ist es gut möglich, dass du genau dieses Muster extrem ablehnst, wenn es dir bei anderen begegnet. Ziel ist es ja aber, ins Gleichgewicht zu kommen und alles existieren zu lassen, was ist. Mit Blick auf das Pendel weißt du aber, dass es sich auch ausgleichen wird. Lehne also nichts ab, was aus deiner Arbeit an dir zum Vorschein kommt, sondern bringe es nach und nach ins Lot.

Setze dich nicht unter Druck und zwing dich nicht zur Eile. Du hast so lange alles in dir herum getragen, das wird nicht in ein paar Tagen gelöst sein. Beachte einfach jeden noch so kleinen Fortschritt und lobe dich dafür. Vorwärts geht es allemal.

Gib nicht auf, egal was passiert. Du willst Veränderung in deinem Leben und durch deine Entscheidungen verändert sich etwas. Das macht uns nicht immer ein gutes Gefühl, weil hier alte Muster mit neuen Erfahrungen aufeinander prallen. Dein Umfeld wird sich verändern, einfach weil du dich von jenen zurück ziehst, die dich behindern in deinem Vorhaben. Das ist jedoch eine gute Entwicklung, damit du dich selbst besser kennen lernen kannst.

Wer den Film Ice Age kennt, weiß vielleicht noch, dass da ein Mammut war, das sich für ein Opossum hielt und hängend im Baum schlief. Es wurde von einer Opossumfamilie groß gezogen und kannte keine Mammuts. So ungefähr ist das mit uns und es braucht viel Aufmerksamkeit, um zu erkennen, dass wir vielleicht doch eine andere Art sind, als uns so vehement beigebracht wurde.

Menschen, die dir mit guten Ratschlägen helfen wollen, können hilfreich sein, wenn du in der Lage bist, neutral zu entscheiden, welchen Ratschlag du für dich verwenden möchtest. Wollen sie dich aber bekehren und dir diese aufzwingen, drehe dich um und finde andere Menschen, die dir gut tun. Du bist auf deinem ganz eigenen Weg auf dem nur die Dinge für dich richtig sind, die in dir eine Zustimmung finden.

Selbst wenn du verunsichert bist, ist das innere Gefühl für wahr oder unwahr immer der beste Kompass. Das kannst du auch aus deiner Vergangenheit ersehen, denn immer wenn du unsicher warst und andere um Rat gefragt hast, hast du erst damit aufgehört als der für dich Richtige gegeben wurde.

Sich abzuwenden von jenen, die dir nicht gut tun ist ein wichtiger Schritt, der jedoch nicht für immer sein muss. Oft kannst du dann wieder Kontakt aufnehmen, wenn du in dir gefestigt bist und keine Aussage dich aus deiner Mitte bringen kann. Auch hier ist der Modus: „alles darf sein" dann spürbar und du fragst dich dann nur noch, ob du mit deinem Gegenüber klar kommen kannst so wie er ist oder nicht.

Verändern wird sich dein Umfeld auf jeden Fall, da du auch keine Menschen mehr in dein Leben ziehst, die dir Muster aufzeigen, welche du bereits abgelegt hast. Das heißt, wenn du dich liebst, wie du bist, dann wird es auch dein Umfeld tun. Wenn du dich wertschätzt, dann wird es auch dein Umfeld tun. Wenn du dich respektierst in deinem Wesen und deinen Entscheidungen, dann wird es auch dein Umfeld tun.

Jene Menschen, die Ihre Muster durch andere bedient haben möchten, wie z.B. dass du für sie Verantwortung übernehmen sollst, dafür zu sorgen hast, dass sie sich gut fühlen oder auch nur um sie zu bemitleiden, werden aus deinem Leben verschwinden. Einfach nur, weil du diese Muster nicht mehr bedienen wirst. So findet kein Energieausgleich statt und man findet andere Menschen, mit denen wieder ein Einklang herrscht.

Versuche nicht, andere auf deinem Trip mit zu nehmen. Es entspricht dem Wunsch, nicht alleine den Weg zu gehen, einen Mitstreiter zu haben. Dadurch kann sich schnell das Muster entwickeln, andere missionieren zu wollen. Das lenkt dich jedoch wieder komplett von dir selbst ab und bringt dich in den Stillstand. Nur du zählst im Moment. Helfen kannst du erst, wenn sich deine neue Lebensweise und Einstellung in dir so gefestigt hat, dass du dich nicht mehr aus den Augen verlierst.

Durch die Einstellung „leben und leben lassen" wirst du jedoch nur noch Helfer, wenn du darum gebeten wirst, denn nur dann kann deine Hilfe auf fruchtbaren Boden fallen. Auffallen werden dir viele Missstände bei deinen Mitmenschen, die doch so einfach zu bereinigen wären, doch du wirst schweigen und nicht mehr das Bedürfnis haben, unbedingt helfen zu wollen.

Erkenne jeden Aspekt, jede Emotion und jedes negativ beurteilte Wesen in dir als hilfreich und wichtig. Es mag sein, dass dein Temperament in deiner Kindheit unerwünscht war, doch du hast es bekommen, damit du deine Erfahrungen machen kannst. So wird vieles als „schlecht", „böse" oder gar „krank" empfunden, was im Grunde genommen nur ein Wesensanteil ist wie das was als „liebenswert", „freundlich" oder „anständig" bezeichnet wird.

Nur die Unterdrückung der „schlechten" Anteile lässt diese oft explosionsartig zum Vorschein kommen, was dann natürlich verheerende Folgen haben kann. Dabei ist es so einfach, mit diesen Anteilen zu leben und sie zu lieben. Denn wenn wir sie zulassen in dem Moment, in dem sie entstehen, dann ist das kein Vulkan, sondern ein Strohfeuer. Diese unerwünschten Anteile sind wichtig, um Grenzen zu setzten, sich selbst zu schützen und treu zu bleiben.

Der Unterschied besteht immer nur darin, ob wir unser Wesen aus dem Inneren heraus wirken lassen, oder ob der Verstand das Ruder übernommen hat.

Ich wohnte im selben Haus, wie eine Tante, die mich hasste. Ihre ständigen Mobbingattacken haben meinem Verstand viel Nahrung gegeben, wie auch ich ihr das Leben schwer machen könnte. Und es waren durchaus verlockende Ideen. Doch in mir war diese Emotion nicht und darum ließ ich die Gedanken gehen und meine Tante in Ruhe.

Auf direkte und verbale Attacken ihrerseits half mir jedoch mein Zorn, den ich dann zuließ, sie in ihre Schranken zu weisen und mich zur Wehr zu setzen, was im Endeffekt dazu führte, dass sie mir endlich Ruhe gönnte. Zumindest auf der direkten Ebene.

Was bei der ganzen Entwicklung noch geschehen kann ist, dass wir auf einmal erkennen, wie schädlich und „schlecht" es tatsächlich ist, wenn wir Harmoniesüchtig sind, Streit aus dem Weg gehen oder ständig nur für andere da sind. Mehr noch, wir erkennen, dass wir auch den Menschen damit schaden, die wir doch glauben zu lieben.

So wird dort, wo Harmonie um jeden Preis verlangt wird, aufgestaute Wut bis zum Hass genährt, die sich irgendwann entlädt oder zu schwerer Krankheit führt. Würde man es zulassen, dass hier offen ausgesprochen wird, was einen belastet, könnten Grenzen gesetzt und Klarheit geschaffen werden. Erst dadurch kann überhaupt Harmonie entstehen. Alles andere ist eine Lüge. Gegen sich und andere.

Wenn wir Streit und Diskussionen vermeiden, ist es ebenso. Wie soll ein anderer denn verstehen, was in uns vorgeht, wenn wir das geheim halten und nicht den Mut haben, es auszusprechen. Und ja, auch in der Emotion die wir gerade fühlen. Oft laden wir den Frust dann jedoch an ganz falscher Stelle ab.

Wahre Liebe finden wir, wenn wir uns zeigen wie wir sind. Nur dann kann der Partner, dem gefällt wie wir sind, auch in unser Leben treten. Versteckst du Anteile deines Wesens, wird das im Laufe der Beziehung zur Last für dich und sie brechen irgendwann aus. Dein Partner spürt gleichzeitig, dass du nicht offen und ehrlich bist. Wie meinst du, wird so eine Beziehung ablaufen?

Auch in einer Beziehung gehört die Eigenverantwortung zur Grundausstattung. Wenn wir stets erwarten, dass uns der andere glücklich macht, legen wir ihm die Last unseres Lebens mit auf die Schultern. Wie lange soll er das „ertragen"? Ist das wirklich Liebe?

Ein Mann lebt mit einer Frau zusammen, die ständig jedem Streit, jeder Diskussion und jeder Konfrontation aus dem Wege geht. Sie ist schon komplett in einer Resignation und will ihre Ruhe. So kümmert sie sich auch um viele Dinge, die eigentlich Unterstützung ihrer Familie (Tochter, Bruder, Tante) benötigen würden. Der Mann ist jedoch der einzige, der sie unterstützt, obwohl ihm vieles gegen den Strich geht und er gerne hätte, dass sie einmal nein sagt. Doch sie bleibt Stur auf ihrem Weg.
Das Ergebnis: schwerer Herzinfarkt des Mannes.

Was er hätte anders machen sollen? Seine Partnerin die Konsequenzen ihres Verhaltens selber tragen lassen. Sie nur dann unterstützen, wenn er es gerne macht, mit Freude im Herzen.

Alleine die Einstellung zu dem was wir tun ist schon Richtungsweisend.

Er hätte also auch entscheiden können, dass er gerne hilft und den Frust, dass er jetzt wieder helfen muss, abstellt. Auch er hatte die Wahl, ob er möchte oder nicht. Er hat sich eben einfach gegen sich selbst gestellt.

Es ist nicht die Aufgabe eines Partners, den anderen zu verändern oder gar zu therapieren. Nur bei uns selbst können wir etwas verändern um durch beispielhaftes Verhalten und Wirken unser Umfeld mit zu beeinflussen. Doch auch wenn wir den Partner nicht in seinem schadhaften Verhalten unterstützen, helfen wir ihm, da die Konsequenzen schneller in Erscheinung treten und dadurch eine Veränderung stattfinden kann. Sofern der Partner sich dafür entscheidet.

Wichtig in der Eigenverantwortung ist, dass wir respektieren, was der andere entscheidet. Er ist erwachsen und kann für sich selber sorgen, so wie wir es auch wollen, dass unsere Entscheidungen respektiert werden. So wäre im Falle des Mannes mit dem Herzinfarkt vielleicht gar nichts passiert, wenn er seine Hilfe zurückgeschraubt hätte um sich zu schonen und seiner Partnerin zugetraut hätte, ihre Kräfte selbst einschätzen zu können. Was dem einen nicht schadet, kann für den anderen ungesund sein.

Erkennen kann man all das jedoch nur, wenn man sich selbst kennt und auf sich achtet. Der eine erholt sich wenn er feiert, der andere braucht Ruhe. Der eine braucht viel Beschäftigung, der andere hat einen mäßigeren Gang. Versuchen wir nicht, mit einem anderen mitzuhalten und sein Leben zu leben, sondern finden wir einfach nur unseren eigenen Rhythmus und unsere eigenen Bedürfnisse. So kann Frieden in uns gelebt werden.

Menschen, die stets „lieb" und „sanft" sind, einem immer die Entscheidungen überlassen und zu allem „ja" und „amen" sagen, werden auf Dauer Frust und Zorn ernten. Ja, weil sie diese Dinge ablehnen und so sind, weil sie auf gar keinen Fall etwas falsch machen wollen. Sie wollen keinem auf die Füße treten und machen das alles unter dem Deckmantel der Liebe oder des Mögens.

Sie gehen unter, werden nur am Rande wahrgenommen oder gnadenlos ausgenutzt. Das Leid, das dabei entsteht ist in Ihnen, da sie sich nicht wichtig genug nehmen, sich nicht erlauben zu sagen was sie wollen oder eigene Entscheidungen zu treffen.

Niemand weiß wer sie sind, weil sie selbst es nicht wissen. Und niemanden interessiert es, weil es sie selbst nicht interessiert.

Wie sehr so eine Einstellung aber auch ihr Umfeld belasten kann ist ihnen nicht bewusst, laden sie doch die komplette Verantwortung ihres Seins auf die Schultern der anderen und so werden sie, was sie unter allen Umständen vermeiden wollen: eine Last.

Umgekehrt kann es auch so aussehen, dass ein Mensch mit allem, was ihm begegnet, zuerst in den Modus „ich will auch" fällt. Auch dieser weiß nicht wirklich, was er will und orientiert sich mehr an seinem Umfeld als an den eigenen Bedürfnissen. Eine Vorstellung, dass „man" nur etwas gilt, wenn man etwas besitzt oder auch wie man sich im Leben darstellt, lässt nicht zu, dass ein anderer etwas hat, was er selbst nicht hat. Sie kreieren sich sogar in Wesen, Charakter und Verhaltensweisen so um, dass sie dem was sie bewundern so nahe wie möglich kommen. Auch deren Geschichten werden oft als die eigenen übernommen, ist das Leben anderer doch viel interessanter als das eigene. Auch jene wissen nicht, wer sie sind und können so auch nicht in einem für sie passenden Umfeld leben. Sie fühlen sich meistens fehl am Platz und finden nichts, wo sie ankommen können.

Ihnen fällt auch nicht auf, dass sie nicht ernst genommen werden, da das Umfeld sehr wohl merkt, wenn man nicht ehrlich ist.

Die extremste Form die ich einmal mitbekommen habe war, dass ein Mann unbedingt einen Porsche besitzen wollte, sich dafür jedoch keine Möbel mehr für seine Wohnung leisten konnte. Er verzichtete auf sein Wohlbefinden für ein Statussymbol.

Wenn du in deiner Findung deines Selbst bist, erkenne jedes Mal, wie du dich bewertest. Alles, was dich ausmacht ist dir in die Wiege gelegt worden und hat eine Berechtigung zu sein. So ist es unvermeidlich, Bewertungen und Verurteilungen loszulassen, damit du zufrieden mit dir bist. Alles, was du leben möchtest ist in Ordnung. „Lieb" und „sanft" sein oder Status bedienen, nichts ist gut oder schlecht. Einzig dazu stehen muss du und dir bewusst sein, welche Konsequenzen daraus entstehen.

Wirst du ein Dieb, lebe mit der Konsequenz, dass du geschnappt wirst. Vermeidest du Streit, lebe mit der Konsequenz, dass du krank werden kannst. Lebst du das Leben anderer, lebe mit der Konsequenz, dass man dich nicht wahrnimmt. Lebst du in Sorge für andere, lebe mit der Konsequenz, dass sich die entfernen, die du mit deiner Sorge erdrückst.

Ein klarer Satz, den ich einmal durchbekommen habe war: „der Weg zu Gott führt NUR durch dich." und beschreibt ganz klar, dass nur du es in der Hand hast, wie friedlich und harmonisch du mit dir dein Leben verbringst. Denn du bist das einzige, was ein Leben lang an deiner Seite ist. Wie kann ein anderer mit dir klar kommen, wenn du es selbst nicht kannst?

Alles kannst du verändern. Und wenn du dich jetzt dazu entscheidest, nichts verändern zu wollen, so hast du zumindest bewusst die Wahl getroffen und hast keinen Grund mehr, dich über dein Leben oder andere zu beschweren. Auch dieser Aspekt macht es in unserem Leben schon leichter.

Und so kannst du alles, was du weißt, in die Tat umsetzen und erproben, welcher Weg für dich am besten ist, oder es lassen. Das Wissen alleine wird dich nicht weiter bringen, es muss gehandelt werden.

Liebe, Respekt und Achtung sind die drei Säulen, die unser Leben stabil machen. Diese müssen aber zuerst für uns selbst gelebt werde, denn dann ist es ein Kinderspiel, diese auch mit unserem Umfeld zu leben.

Akzeptiere folgenden Aspekt unseres Wesens: Wir hören und sehen nur das, was wir wollen und ließ dieses Buch in Abständen immer wieder durch. Du wirst sehen, es wird sich dir immer wieder neues aufzeigen, das dann auch wichtig für dich ist. Auch sind es zu viele Informationen, die hier drin stecken, um sie auf einmal zu verarbeiten.

Ignoriere nicht, dass du dieses Buch in der Hand hältst und liest, denn deine Seele hat dich dazu geführt damit du ihr helfen kannst.

Bei all dem Bewusstseinsprozess verwerfe den Gedanken, dass du zu einem Esoteriker mutieren wirst, denn du wirst definitiv nicht deinen Namen mit Tüchern tanzen wenn du es nicht willst.

Hier geht es um gesunde Menschlichkeit, die uns alle ausmacht und jedem Einzelnen dazu verhelfen soll, zufriedener, glücklicher und erfolgreicher durch das Leben zu gehen. Denn mit jedem, der das für sich tut, kann sich der Frieden in der Masse ausbreiten und größere Formen annehmen.

Doch deine eigene kleine Welt wird auf jeden Fall freier, leichter und sonniger als sie jetzt ist. Vertraue dir selbst.

Bitte um Hilfe, wenn du sie benötigst und nimm Hilfe an, wenn sie dir geboten wird. Finde Möglichkeiten und Wege, um voran zu kommen in Form von Gleichgesinnten oder auch Veranstaltungen. Alles, was dich ansprechen wird und neugierig macht, ist ein Wink deiner Seele, dass hier etwas ist, was dich unterstützt und dir näher bringt.

Egal, wie du deinen Weg gehst, sei offen für den Gedanken, dass es dich wirklich nichts kostet, umzudenken und genauer hinzuschauen, was du dir durch deine Gedanken und Gefühle erschaffst.

Und Frage dich bei Zweifeln:
„Was wäre, wenn es richtig ist, dass ich nur durch mich mein Leben gestalte?"
„Ist es dann nicht Sinnvoll, es positiv zu tun?"

Zeitfracht Medien GmbH
Ferdinand-Jühlke-Straße 7
99095 Erfurt, Deutschland
produktsicherheit@kolibri360.de